눈먼 보리와
도둑고양이

눈먼 보리와
도둑고양이

감성칼럼 '동은스님의 지금 행복하기'

불교신문사

머리글

　간밤에 내린 빗방울이 뜨락 달개비 꽃 무더기에 주렁주렁 매달려 보석처럼 빛나는 아침이다. 세상이 온통 코로나 전염병으로 몸살을 겪고 있어도 계절은 어김없이 찾아오고, 누가 보건말건 꽃들도 묵묵히 제 할 일을 하고 있다. 우리 모두는 지금 한 번도 겪어보지 않았던 힘든 시절을 지나가고 있다. 아픔을 견디면서 살아야 한다는 사바세계란 말이 실감 날 정도다. 어쩌면 이 전염병은 지구를 제멋대로 사용하는 인류를 정신 차리게 하기위해, 장군죽비를 들고 찾아온 역경보살일지도 모른다.
　바야흐로 비대면시대가 도래했다. 학교 공부도 집에서 하고, 직장 근무도 집에서 하는 경우가 많아졌다. 절집안도 마찬가지다. 온라인 선방이 생기더니 법회도 스마트폰으로 중계하는 절이 많아졌다. 이젠 이렇게 살아야 한다. 낯설고 힘들지만 현실을 받아들여야 한다. 지금까지 앞만 보며 달려온 삶에서 잠시 멈춰, 주변도 돌아보고 내면을 성찰하는 계기로 삼아야 한다.

왜 이렇게 되었을까? 고요히 앉아 명상도 해보고 그동안 밀쳐뒀던 책도 읽어보며, 어떻게 사는 것이 진정한 행복의 삶인지 깊이 고민해봐야 한다. 만약 전염병이 이렇게 심각하게 유행하지 않았다면 평범한 일상이 얼마나 소중한 것인지를 깨닫지 못했을 것이다.

사람들은 모두 행복하기 위해 살아간다. 수행자들의 목적인 깨달음과 해탈도 결국 고통에서 벗어나 행복하기 위해서 하는 것이다. 그런데 문제는 언제 올지 모르는 그 행복을 꿈꾸며, 지금 겪고 있는 고통은 당연한 듯이 생각하며 산다는 것이다. 지나온 일생을 돌아보라. 그렇게 애써 살아온 내 삶이 과연 행복하였는가?

오래전 무문관 선방에서 정진하던 시절, 네 걸음밖에 걷지 못하는 방안을 왔다 갔다 하며, 직선으로 백 걸음만 걸어봤으면 하는 바람을 가져본 적이 있다. 직선으로 백 걸음 걷는 것이 뭐가 어려운가. 그러나 좁은 공간에 갇혀 보기 전에는 맘대로 걸어 다닐 수 있음에 대한 감사함은 절대 모른다. 이젠 힘든 일이 생길 때마다, 무문관 정진하면서 얻은 이 작은 깨달음이 모든 문제를 푸는 만능열쇠가 되었다.

천은사에 온 지도 벌써 10년이 넘었다. 강원 졸업 후 한동안 선방에 다니다가, 출가본사인 오대산 월정사에서 교무국장과 단기출가학교장 소임을 마친 후, 어설프게 시작한 주지 소임이었다. 수행과 경험부족으로 이리 치이고 저리 부대끼던 지난날은 그동안 공부한 것을 담금질 하는 귀한 시간이 되었다.

이 책은 지난 3년 동안 불교신문에 연재한 감성칼럼 〈동은스님의 지금 행복하기〉와 여기저기 기고한 글들을 모은 것이다. 글의 대부분은 천은사에 살면서 일어나는 일상의 감사함을 담담하게 쓴 것이다. 지금 내게 주어진 인연들에 대한 감사함을 알면 행복한 마음은 절로 생긴다.

아프고 힘든데 어떻게 행복한 마음이 생기냐고? 그럼 어쩌겠는가. 지금 닥친 상황이 내 능력으로 어찌할 수 없을 때는 인정하고 받아들여야 한다. 그리고 이왕 하는 것 투덜대며 하는 것보다 즐겁게 하는 것이 낫지 않겠는가. 이제 고생을 담보로 행복을 미루지 말라. 지금 행복해야 나중도 행복하다.

신축 2021년 6월
두타산 동쪽자락 천은사에서 **동은**

목차

머리글 　— 005

part 1 삶이 기도이다

눈먼 보리와 도둑고양이　— 015
행복세상 어디? 지금이곳 여기!　— 018
인생은 B와 D사이의 C다　— 021
그대 지금 간절한가?　— 023
삶이 기도이다　— 026
먼 곳에서 찾지 말라　— 028
직선으로 백 걸음　— 031
인연 복　— 033
지는 꽃도 꽃이다　— 037
모든 것은 때가 있다　— 040

장~그리 있으끼가?	— 043
따뜻한 밥 한 그릇	— 046
심금을 울리다	— 048
두 달 만에 온 엽서	— 052
49재를 지내며	— 055
공양주 임명장	— 059
매미의 열반	— 062

part 2 매달려야 한다

법고 불사를 하며	— 067
천은사 시네마클럽	— 070
직진스님과 디근스님	— 072
부처님과의 인터뷰	— 075
공사장 한 복판에서	— 077
새해 기도	— 079
삶의 균형 맞추기	— 082
부처님의 맨밥	— 084

자찬묘비 — 086
혀에게 사과하다 — 089
기차가 늦는 이유 — 091
다행과 불행 사이 — 093
다만 애를 쓸 뿐 — 096
근심걱정 없는 곳 — 098
매달려야 한다 — 101

part 3 띄워야 산다

농사에 영혼을 팔다 — 107
콩나물이 자라듯이 — 109
지나친 배려 — 112
기도비도 외상이 되나요? — 114
우연한 행운 — 116
단감나무 옆 떫은 감나무 — 118
기승전, 감사 — 121
다시 12월에 — 123

바람개비를 돌리는 방법	— 125
남에게 기쁨을 주었는가?	— 127
공양주 예찬	— 129
들깨죽과 인생	— 131
산신할배와 막걸리	— 133
삼구 이십칠 다음은?	— 135
윤달과 보궐진언	— 137
한소식? 해봤어야지	— 140
띄워야 산다	— 142

#part 4 정성이 비법이다

정성이 비법이다	— 147
풀꽃의 항의	— 149
소원보다 서원	— 152
안경을 잃어버리다	— 154
침실 옆 부도	— 156
머니 중 제일은 석가머니	— 159

행복인생과 투덜인생	— 162
축원문을 읽으며	— 164
돌아보는 부처님	— 166
감속, 제발 감속!	— 169
인생 노선도	— 171
핑계 대지 말자	— 174
머위에게 삼배하다	— 177

part 5 살아 있으니까 아프다

운명? 간절한텐 지더라	— 181
지리산 토굴에서 해인사까지	— 192
첫 마음으로 – 월정사 단기출가학교 이야기	— 200
영하 40도속에서의 삼보일배	— 212
살아 있으니까 아프다	— 218

#part 1
삶이 기도이다

무문관 수행시절, 내 방은 딱 네 걸음만 걸으면 벽이었다. 문득 '직선으로 백 걸음만 걸어봤으면 소원이 없겠다'라는 생각이 들었다. 그대 삶이 지겹고 답답한가? 지금 일어나서 백 걸음만 걸어보라. 행복, 그리 멀리 있지 않다. 내가 손을 내밀어 잡기만 한다면, 내 것이 되는 순간 바로 기적이 일어나는 것이다.

눈먼 보리와 도둑고양이

"멍, 멍!" 고요한 아침, 산사의 정적을 '보리'가 흔들었다. 보리는 우리 절에 사는 진돗개다. 요즘 매일 밥도둑 고양이를 쫓느라 신경이 날카롭다. 서른 살이 다 되었는데 보고 듣는 것이 점점 안 좋아지더니 급기야 백내장까지 왔다. 수술을 시켜볼까 하고 알아보다가 비용을 듣고 기절하는 줄 알았다. 그리고 무엇보다 나이가 너무 많아 수술하기 힘들다는 수의사 의견을 듣고 포기했다. 가끔 맹인안내견이 시각장애인을 보호하며 다니는 것을 본 일이 있는데, 보리가 눈이 안 보이니 이제 내가 '맹견안내인'이 되었다.

"야, 저리가. 나 아직 살아 있다구. 어딜 감히 내 밥을 훔쳐 먹어."

"야, 니 먹다가 남긴 것 조금 먹는데 되게 뭐라 하네. 좀 나눠

먹으면 안 돼?"

보리는 본능적으로 제 먹이를 지키려고 하지만, 고양이는 아침 공양을 탁발하러 왔을 뿐이다. 안타까운 것은 엉뚱한 곳을 향해 짖고 있는 보리의 눈 먼 사정을 고양이가 눈치 챈 것이다. 지켜보는 나로서는 보리 편을 들고 싶지만 눈칫밥 먹는 고양이도 딱하긴 마찬가지다. 오늘은 제법 느긋하게 식사를 하고 보란 듯이 내게 꼬리까지 흔들며 지나갔다. 전에 보리한테 쫓겨 다닐 때를 생각하면 격세지감이 든다.

인도 순례를 하다 보면 구걸하는 사람들이 많다. 그들은 모두 당당하다. 배고픈 자기한테 적선하면 당신이 공덕을 짓는 것이니까 오히려 고맙게 생각해야 한다는 것이다. 황당한 것 같지만 발상의 전환이다. 어쩌겠는가. 살아 있는 모든 것들은 먹어야 산다. 눈 먼 보리와 도둑고양이 그리고 거지와 순례자. 알고 보면 모두 각자의 입장이 있을 뿐이다. 다만 먹이를 얻는 방법을 두고 나는 옳고 너는 틀렸다며 티격태격 싸운다. 코로나19로 모두 힘든 세상, 좀 나눠 먹으면서 살았으면 좋겠다. 옥잠화 향기가 뜨락 가득한 아침, 한줄기 향 사르며 허리를 곧추세워 본다. 가슴 깊은 곳에서 울림 하나 들려왔다.

"그대는 지금 눈 먼 보리인가 도둑고양이인가?"

이크! 차 한잔 하다 하마터면 체할 뻔 했다.

행복세상 어디? 지금이곳 여기!

새해를 맞이하는 기도객이 며칠 동안 절에 머물렀다. 가는 날 아침, 차담을 나누다 차실에 있는 시계 판에 숫자대신 쓴 '圓覺道場何處 現今生死卽是원각도량하처 현금생사즉시'에 관심이 모였다. 이 글은 해인사 팔만대장경각의 법보전에 있는 주련인데 도반 현진스님 절 마야사 개원법회 때 기념품으로 받은 것이다. 부처님께서 평생 동안 설법하신 팔만대장경을 모셔둔 곳에, 오직 이 두 줄의 게송만이 걸려 있으니 바로 부처님 가르침의 정수라 할 수 있다. '원만한 깨달음 즉, 우리가 추구하는 궁극적인 행복은 어디에 있는가?'라는 질문에 '삶과 죽음이 있는 바로 이 자리가 그곳이다'라고 답을 하고 있다.

우리네 중생들은 늘 무엇인가를 충족시키기 위한 삶을 살아가고 있다. '이 고비만 지나면 곧 행복한 날이 올 거야'라는 희망

part 1
삶이 기도이다

을 가지고, 다음에 올 행복을 기다리면서 지금 이 순간까지 살아왔다. 그러나 '나중 행복'이란 없다. '지금 행복'해야 나중에도 행복하다. 지나가는 사람도 이름을 불러야 돌아보듯이, 일상 가운데 가득하지만 스쳐 지나가는 행복도 '행복아~' 하고 불러들여 내 것으로 만들어야만 비로소 나의 행복이 되는 것이다.

작년 새해와 올해 새해가 다른가? 지난해를 돌아보면 늘 미련과 아쉬움이 남기 마련이다. 그러나 아쉬운 그 마음은 지금의 마음일 뿐이다. 오직 행복하기 위해 매순간 최선을 다해 살아온 지난해 삶의 연속이, 결국 지금 새해를 다시 맞은 내 모습인 것이다. 행복을 따로 구하지 말라. 불행하지 않으면 바로 그곳이 행복한 자리다. 마주 오는 바람은 역풍이지만, 돌아서면 순풍이다. 올해는 업그레이드용 한글판 시계를 하나 더 만들어야겠다. '행복세상어디 지금이곳여기'로 말이다.

"스님, 지금 몇 시에요?"

"네, 수시 촌분(지금 행복)입니다."

인생은 B와 D사이의 C다

일전에 면소재지에 있는 중학교에서 강연 요청이 있어 다녀왔다. 강사로 스님이 왔으니 호기심들이 대단했다. 부탁받은 주제는 '종교적 사유와 진로선택'이었다. 먼저 질문을 했다.

"여러분들은 왜 학교에 와서 공부를 하고 있지요?"

"아이~ 스님도, 당연히 좋은 대학가서 좋은 회사 취직하고 행복하게 살기 위해서지요."

"네, 그렇지요? 그럼 어떻게 사는 것이 행복하다고 생각하세요?"

"네, 돈 많이 벌어 좋은 집에서, 좋은 차 굴리면서 잘 먹고 잘 사는 거지요." 하며 까르르 웃었다. 이것이 이제 곧 고등학교에 진학할 중학생들의 보편적인 행복 기준이었다. 그럼 정말 원하는 물질만 가지면 행복할 수 있을까? 우리가 생각하는 행복의 기준은 절대적인 것이 아니라 상대적 빈곤 탓이다.

장 뽈 사르트르는 '인생은 B와 D사이의 C다.'라고 얘기했다. 탄생(Birth)과 죽음(Death) 사이에 있는 'Choice' 즉, 우리 인생은 태어나서 죽을 때까지 어떤 '선택'을 하느냐에 따라, 개인은 물론 한 국가의 행복까지 결정되는 것이다.

요즘 행복지수가 높다는 히말라야의 작은 왕국 부탄이 주목을 받고 있다. 물질문명의 수준에서 보면 우리나라가 훨씬 더 잘 산다. 그러나 우리나라보다 더 행복하게 사는 이유는, 지금 내가 가지고 있는 것에 대한 가치를 더 두었기 때문이다. 국가가 '국민이 불행하면 실패한 정부'라는 개념을 도입하여 '물질지표'가 아닌, '행복지표'를 선택하여 정책을 편 결과이다.

강연 끝에 난센스 퀴즈를 내서 맞히는 학생에게 선물을 준다고 했다. 저마다 눈이 반짝거렸다.

"세상에서 제일 맛없는 라면이 뭘까요?"

"A라면요."

"아냐, B라면이야." 하며 교실이 떠들썩했다. 결국 아무도 맞히질 못했다. "답은 '~했더라면'입니다." 하니 모두 "에~!" 하며 허탈한 표정을 지었다.

지난 일을 돌아보면서 '아, 그때 그렇게 했더라면…' 하고 후회하지 말라. 이미 지난 일이다. 그때 밤잠을 설쳐가며 최선을 다한 '선택'을 했으면 그것으로 된 것이다. 어떤 선택을 하였든 인정하고 받아들이는 것, 그것이 행복한 인생이다.

그대 지금 간절한가?

지난 초하루부터 일주일 간 자비도량참법기도를 했다. 해마다 이 기간은 자비도량참법 기도하는 것으로 자리매김을 하여 지역 불자들의 동참 열기가 높다. 회향하는 날은 성도재일을 맞이하며 새벽까지 용맹정진을 했다. 지난여름 수좌스님 한 분이 운수행각 하다 들르셨다. 도량이 좋다하시며 지금까지 정진하고 계시는데, 이번 자비도량참법기도를 주관해 주셨다. 신도님들은 천은사 역대급 기도 스님이라며 너무 좋아들 하셨다. 그런 스님께서 정성을 다해 기도를 이끄시니 독경소리가 온 산중에 메아리쳤다.

나는 법문할 때마다 '간절함'에 대해서 자주 얘기한다. 간절함이란 마치 햇볕을 이용하여 돋보기로 검은 종이를 태우는 것과 같다. 초점만 잘 맞추면 금방 불이 붙듯이, 기도도 집중을 잘 해

야만 삼매에 들 수 있고 또한 가피도 있는 것이다. 몇 년 전 정초 기도 때는 사시마지 올린 불기가 정근하는 동안 계속 흔들렸다. 모두 신기하다며 동영상까지 찍었다. 열심히 기도를 하니까 부처님께서 격려해주는 증표라며 다들 좋아하셨다. 흔들린 원인을 따로 생각해보진 않았지만 기도 중에 일어나는 이런 신기한 현상들은 중생들에게 신심을 촉발시키는 계기가 될 수 있다.

우리 절 신도님들은 대부분 고령이다. 거동이 불편해서 절하기 힘든 분들도 많다. 그럼에도 불구하고 어떤 소원들이 있어 이 엄동설한에 저렇게 힘든 기도를 하고 계실까?

가끔 한국불교가 기복 불교에 치우쳐 있다는 비판을 듣는다. 복을 빌기만 하고 짓지는 않아, 부처님의 근본 가르침인 인과의 도리를 간과하기 때문이다. 복전福田에 씨앗을 뿌려 가꾸는 노력은 하지 않고, 부처님께 기도만 해서 안 될 일이 되지는 않는다. 원력願力, 즉 원을 세웠으면 힘을 써야만 한다. 그것도 온 정성을 쏟아서 말이다. 살아가면서 '간절懇切' 이 두 글자만 가슴에 새기면 이루지 못할 것이 없다. 이 첫새벽에 다시 한 번 내게 묻는다.

그대 지금 간절한가?
백퍼센트 간절한가?

삶이 기도이다

설 연휴라 고운 옷 차려입고 사찰을 참배 오는 분들로 도량이 떠들썩하다. 오늘도 한 가족이 세배를 오셨다. 같이 법당을 참배하고 향 하나를 부처님 전에 공양 올렸다. 향연이 그윽하게 법당을 맑힌다.

"제가 이제 한 줄기의 향을 사르옵나니, 이 향기가 시방법계에 두루 퍼져, 일체중생들이 고통에서 벗어나기를 발원하옵니다."

엄마 따라 절을 하는 꼬마들의 고사리 같은 손에서 마치 아기연꽃이 피어나는 듯했다. 오늘은 부처님의 입이 귀에까지 걸리셨다. 이 천진불의 삼배는 훗날 자기 인생에서 어떤 의미로 남겨질까?

존재하는 모든 것에는 살아가면서 주어지는 인연들에게 어떤 의미로든 자리를 잡게 하는 힘이 있다. 세상일은 인드라 망처럼 얽혀 있어, 어느 하나도 인연의 고리에 걸려 있지 않은 것이 없다. 원인 없는 결과가 없는 것이다. 오늘 아빠 팔에 안겨 부처님께 올린 저 천진불의 향공양이, 훗날 훌륭한 수행자의 인연으로 이어질지도 모를 일이다.

삶은 누구 탓도 아니다. 기도하는 마음으로 내는 정성스런 생각과 행동이 매 순간 '인因'을 지으면서 '연緣'을 맺는다면, 그 '인연'들의 결과물인 '과果'는 맑고 향기로울 수밖에 없다.

기도란 내가 한줄기 향이 되어 우주와 하나가 되는 것이다. 기도란 삶에다 질서를 부여하는 것이다. 기도란 자신의 안과 밖을 법당으로 삼는 것이다. 그리하면 우리네 삶 자체가 바로 기도인 것이다. 그러나 우리는 부처님과 마음이 하나가 되어보는 기도는 얼마나 하고 있는가? 내가 한 줄기 향이 되어, 우주가 되어보는 기도는 또 몇 번이나 되었던가? 삶을 살되 늘 기도하는 마음으로 살아가는 것, 한 줄기 향연을 보면서 내가 우주가 되어보는 행복한 마음으로 살아가는 것, 기도는 삶을 주체적으로 살 수 있는 가장 훌륭한 방법이다.

이제 곧 남풍이 불면, 겨우내 향기를 품고 있던 매화 꽃망울도 터질 것이다. 가끔, 풍경을 스치는 바람소리가 너무 아름다워 코끝이 찡할 때도 있는, 나는 지금 기도할 수 있는 수행자라서 너무 행복하다.

먼 곳에서 찾지 말라

　점심공양을 하고 나면 자주 솔밭 길 산책을 나선다. 고려 말 이승휴 선생은 이곳에 살면서, 우리나라 삼대 사서史書 중의 하나인 『제왕운기』를 지으셨다. 선생을 모신 동안사動安祠 뒤로 해서 일주문까지의 명상 길은, 온전한 나만의 비밀스런 공간이다.
　천은사에 온 이후 이런저런 불사를 했지만, 나무꾼들이 다니던 옛길을 복원해 산책로를 낸 것이, 개인적으로는 맘에 드는 불사가 아니었나 싶다. 이곳 영동지방은 강원도이면서도 의외로 기온은 따뜻하다. 백두대간이 바람막이 역할을 해주기 때문이다. 가끔 폭설이나 강풍이 불어 피해가 있기도 하지만 살아볼수록 매력이 많은 곳이다.
　산책길의 소나무들은 모두 금강송이다. 하늘을 향해 시원하게 쭉 뻗은 자태를 보고 있으면, 마치 수많은 용들이 하늘로 승

천하는 듯한 느낌을 받는다. 오솔길 옆으로 이제 막 고개를 내미는 새싹들이 인사를 건넨다. 아마 지난겨울 숲길을 오가는 나의 발자국 소리를 들으며 함께 봄을 기다렸을 것이다. 언뜻 바람결에 코끝을 스치는 향기가 지나간다. 천천히 그곳을 따라가 보니, 아! 어느새 매화가 꽃망울을 터트리고 있었다. 남도 쪽에서는 벌써 봄꽃이 지천이라는 소식이 들리긴 했지만, 올해 첫 매화를 접하는 순간 지난겨울의 유난히 혹독했던 추위와 고생했던 기억들은 한순간에 사라져 버렸다.

'봄을 찾아 모름지기 동쪽을 향해 가지 말라尋春莫須向東去
너의 집 서쪽 뜰에 이미 눈을 뚫고 매화가 피었다西園寒梅已破雪'

내 방 차실 벽에 붙여두고 늘 경책으로 삼고 있는 글이다. 여기에서 '봄'이란, 수행자들에게는 얻고자 하는 절대 경지의 '깨달음'일 것이고, 일상을 살아가는 우리네 중생들에게는 언제나 추구하는 '행복'일 것이다. 이 시는 결국 찾고자 하는 진리와 행복은 멀리 떨어져 있는 것이 아니고, 이미 우리 곁에 와 있음을 알려주고 있다.

"네가 바로 부처인데 왜 그것을 모르고 먼 곳을 찾아다니는가?
사랑도 행복도 너의 마음속에 있다. 먼 곳에서 찾지 말라."

직선으로 백 걸음

일산 동국대학교병원에서 무릎 수술을 하고 입원해 있을 때다. 어느 날 보살님 한 분이 병실을 방문했다.
"스님이시죠?"
"네, 그렇습니다만…."
"스님, 우리 아들 좀 살려주세요. 중학교 때 학교 가다가 교통사고가 났는데 6년 동안 자기 손으로 아무것도 하질 못해요. 우리 아들이 언제쯤 일어날 수 있을까요?"
참으로 난감한 질문이었다. 열심히 치료받으면 반드시 좋아질 거라며 위로의 말씀을 드리긴 했지만 마음 한곳이 아려왔다. 같은 시간대 물리치료실에서 만나면 항상 학생의 손을 꼭 잡고 힘내라며 웃어 주었다.
그렇게 친해지기를 한 달 무렵, 아들을 휠체어에 앉힌 보살님이 병실을 방문했다.

"스님, 내일 퇴원하신다면서요? 우리 아들 손 한번만 더 잡아 주세요." 하셨다. 나는 그 학생 손을 꼭 잡아주며 "민철아, 열심히 치료 잘 받고 건강해지면 스님 절에 한번 놀러와, 알았지? 힘내!" 했다. 그 순간 학생 엄마가 소리쳤다. "스님, 기적이 일어났어요. 우리 아들이 사고 이후로 눈동자가 따로 움직였는데 지금 스님을 똑바로 보며 초점이 모였어요." 하며 눈물을 흘렸다.

우리는 지금 하고 있는 일상생활을 너무나 당연한 것으로 생각한다. 무문관 수행시절, 내 방에서 직선으로 걸을 수 있는 걸음은 딱 네 걸음이었다. 좌선 후 다리를 푸는 포행은, 좁은 방안을 네 걸음씩 왔다 갔다 하는 것이었다. 포행을 마치고 나면 머리가 어질어질 했는데 문득, '아! 백 걸음만 직선으로 걸어봤으면 소원이 없겠다'라는 생각이 들었다.

백 걸음, 보통 건강한 사람이면 누구나 언제든지 할 수 있는 지극히 평범한 일이다. 행복한 마음을 가지고 사는 사람은 일상을 기적처럼 사는 사람들이 많다. 그 사람들은 어떤 상황에서도 그 상황을 받아들이며 감사한 마음으로 살기 때문이다.

삶이 지겹고 답답한가? 그대 지금 일어나서 백 걸음만 걸어 보라. 행복, 그리 멀리 있지 않다. 내가 손을 내밀어 잡기만 한다면, 내 것이 되는 순간 바로 기적이 일어나는 것이다.

인연 복

최근 월정사 본·말사 스님들과 함께 일본 교토 사찰순례를 다녀왔다. 월정사는 주기적으로 성지순례를 간다. 같은 지역에 살면서 평소 잘 만나기 힘든 스님들이 이런 기회에 교류도 하고, 또한 견문을 넓히는 기회로 삼기도 한다.

첫 방문지는 천태종 총본산 히에이산 엔라쿠지(比叡山 延曆寺)였다. 사찰을 참배하고 내려올 땐 케이블카를 탔는데 역 대합실에 멋진 글이 하나 걸려 있었다. 엔라쿠지 대승정이었던 야마다 에타이(山田惠諦) 스님이 99세에 쓴 '緣福', 즉 '인연 복'이란 글이었다. 케이블카 이름도 '緣福'이라 붙이고 차표에도 새겨 넣었다. 글을 설명한 끝부분에 '사람들에게 좋은 인연이 이어지도록, 그리고 행복으로 인도하는 차량이 되도록 노력하겠습니다'라고 써 놓았다. '緣福'이란 차를 탄 것만으로도 왠지 좋은 일이 생길 것

같았다.

우리는 살아가면서 수많은 인연들을 만난다. 그리고 어떤 인연들을 만나느냐에 따라 삶이 결정된다. 여행 중 우연히 기차의 옆자리에 앉게 되어 대화를 나누다가 부부의 연을 맺기도 하고, 길을 잘못 들었는데 뜻밖의 행운을 만나기도 한다. 어떤 인연 복을 만날지는 알 수가 없다. 그렇다고 해서 마냥 좋은 일과 좋은 사람만 만나려고 기다릴 수도 없다. 설사 나쁜 인연을 만난다고 해서 투덜댈 수도 없는 노릇이다. 왜냐하면 지금 내가 만나고 있는 모든 것은, 결국은 내가 지은 나의 인연 복을 그대로 받고 있기 때문이다.

부처님께서는 '복 중에 인연 복이 제일이요, 오복의 뿌리는 인연 복이니 부지런히 인연 복을 지으라'고 하셨다. 수행자에게 스승과 도반의 인연이 잘 주어진다면 공부를 다 이룬 것과 마찬가지다. 그만큼 인연복은 중요한 것이다. 나를 힘들게 하는 인연들은 먼 곳에 있지 않다. 가까운 인연일수록 무심히 대하기 쉽고, 공경심을 놓게 되면 쉽게 상처를 주게 된다. 결국 악연이 되는 것이다.

그대, 복을 받고 싶은가? 그렇다면 지금 내 주변에 있는 인연들에게 먼저 복을 지어라. 그것이 씨앗이 되어 자연히 복 있는 인연들이 이어질 것이다.

지는 꽃도 꽃이다

내 산방 앞마당엔 커다란 자목련 한 그루가 있다. 혹독한 겨울을 이겨낸 꽃봉오리가 마침내 화려한 꽃을 피워 봄을 찬탄하더니, 며칠 전 비바람에 꽃잎이 무참히 떨어져 내렸다. 좀 더 오래 두고 보며 봄을 즐기고 싶었지만 자연의 섭리 앞에서는 어쩔 도리가 없다.
사람들은 누구나 화려하게 피어나는 꽃이 되고 싶어 한다. 하지만 세상에는 피는 꽃들만 있는 게 아니다. 지는 꽃도 있다. 우리가 즐겨 먹는 과일이나 열매도 그것을 위해 아름답게 몸을 내던진 꽃송이들이 있기에 가능하다. 줄기에 비해 유난히 꽃이 많이 피는 석류나무는, 피어나는 꽃들을 다 감당하지 못할 만큼 가지가 약하다. 그래서 더 크고 실한 열매를 얻기 위해서 자신들을 내던진다. 고귀한 자비심이라고나 할까. 그렇게 져 내리는 석류꽃이 있기에 주먹만 한 석류가 몇 개씩 달려도 나무는 그 무게를 감당해 내는 것이다.

오후에 신도 한 분이 오셨다. 차 한 잔 하며 이런저런 얘기를 나누는데 얼마 전 회사로부터 명예퇴직 권고를 받았다고 하셨다. 정년을 얼마 앞두고 차분하게 노후를 설계하던 분에게는 갑자기 닥친 일이라 당황하지 않을 수 없었을 것이다. 그래도 자기는 나은 경우라며 젊은 친구들을 더 걱정하셨다. 지금 여기저기서 구조 조정과 감원 열풍이 휘몰아치고 있다. 물론 외부적인 요인도 있다. 하지만 미래를 예측하지 못한 경영진의 안목과 서로의 주장만 앞세운 내부적 갈등이 더 큰 원인일 수도 있다. 결국 서로 눈앞의 이익에만 현혹되어 전체를 살피지 못한 결과인 것이다.

만일 석류나무가 화려하게 핀 꽃들만 좋아해서 그 숫자만큼의 열매들을 다 달고 있다면 어떻게 될까? 태풍에 가지가 부러지고 뿌리까지 뽑힐 일은 뻔하다. 석류나무는 본능적으로 전체적인 균형을 잡을 줄 아는 것이다. 꽃과 나무들이 선지식이다.

봄이 아프다. 이번에야말로 떨어져 내린 꽃들의 아픔을 깊이 새겨서, 같은 실수를 반복하는 일이 없어야 할 것이다. 지는 꽃도 꽃이다.

part 1
삶이 기도이다

모든 것은 때가 있다

 마당이 시끌시끌해서 방문을 열고 나가 보았다. 사찰 참배오신 보살님 몇 분이 마당 한쪽에 있는 배롱나무를 만져보며 서로 대화를 나누고 있었다.
 "이 나무는 지난겨울에 얼어 죽었나봐, 그러니까 지금까지 싹이 안 나지."
 "맞아, 가지도 보니까 부실한 것이 죽은 것이 확실해."
 그러다가 나를 보자 잘 됐다 싶었는지 물어왔다.
 "스님, 이 나무는 죽은 것 맞죠?"
 "아, 네. 그 나무는 배롱나무인데 원래 싹이 좀 늦게 나옵니다. 아마 조금 더 있으면 잎이 날 겁니다."
 "와~그래요? 이렇게 늦게 잎이 나오는 나무도 있나요?"
 하며 다시 한 번 나무를 살펴보고 가셨다.

오후에 모처럼 혼자 차 한잔 하고 있는데 신도님께서 아들과 같이 오셨다. 몇 년 동안 공무원 시험 준비를 하고 있는데 2차에서 자꾸 떨어진다며 하소연을 하셨다. 이런저런 이야기를 다 듣고 난 후 "보살님, 아드님이 다음 시험에는 되겠는데요. 너무 걱정하지 마세요. 그리고 아드님도 이번엔 좀 더 자신감을 갖고 면접을 보도록 해보세요." 하고 용기를 북돋아 드렸다.

차담이 끝난 후 배웅을 하러 나와 배롱나무 앞에 섰다.

"보살님, 이 나무 좀 보세요. 다른 나무들은 모두 꽃도 피고 잎도 났는데 이 나무는 아직 잎이 날 생각도 안 하잖아요? 그런데 좀 있으면 잎이 나기 시작해서 여름 백일동안 얼마나 아름답게 꽃을 피우는지 모릅니다. 그래서 백일홍이라고도 하지요. 좀 늦게 필뿐 안 피는 건 아니랍니다. 아드님도 좀 기다려 보세요. 곧 좋은 소식이 있을 겁니다."

수선화는 봄에 피고 국화는 가을에 핀다. 먼저 핀 수선화를 보고 국화는 시샘하지 않는다. 피는 시기가 다를 뿐 언젠가는 피기 때문이다. 사람도 마찬가지다. 먼저 피었다고 해서 성공하는 것도, 늦게 핀다고 해서 실패하는 것도 아니다. 그저 저마다 능력을 발휘하는 시기가 조금 다를 뿐이다. 내 꽃이 더디게 피는 것 같아 괜히 재촉하지 말라. 그대란 꽃은 지금 최선을 다해 피어나고 있는 중이다.

장~그리 있으끼가?

얼마 전 신제주에서 불교대학을 개원한 후배 스님 절에 특강을 다녀왔다. 가끔 도반 스님들과 모임차 제주를 가긴 했지만, 이번처럼 강의를 하기 위해서 해외(?)로 가긴 처음이었다.

월정사에서 단기출가학교 소임 본 것을 감안하셨는지 부탁받은 강의 주제는 '출가, 구도자의 길'이었다. 강의가 끝날 즈음 출가한 스님과 남겨진 부모 마음이 잘 드러나 있는 '동산양개화상사친서'를 읽어 드렸다. 그리고 내가 부모님께 올리는 편지로 마무리 지었다. 강의를 마치고 나오는데 공항에 마중 나왔던 회장님께서 다가와 "스님, 눈물이 나서 혼났습니다." 하셨다.

출가한 지 몇 해 안 되었던 해인사 강원시절이었.

어느 휴일, 도반 스님 몇 명과 차를 빌려 남강에 있는 '솥바위' 구경하러 나섰다. 가는 길에 합천 삼가가 고향인 도반 스님 집에

들러 노모님이 끓여 주시는 따뜻한 국물 한 그릇을 먹었다. 그리고 고개 넘어 속가 마을을 지나가니 도반들이 온 김에 부모님께 인사나 드리고 가자했다.

마침 부친께서 집에 계셨다. 출가한 것을 영 탐탁하지 않게 생각하고 있던 부친께서는 아들 또래의 스님들께 "자네는 몇 살인고?" "자네는?" 하시며 일일이 나이를 물으셨다. 난 부친께서 도반들한테 하시는 말투가 맘에 걸려 몸 둘 바를 모르고 있었다. 나중에는 혀를 끌끌 차시더니 결국 화살이 나에게로 돌아와 "니는 장~ 그리 있으끼가?" 하셨다. '너는 언제까지 그렇게 있을 거냐?'며 나무라는 말씀이셨다.

돌아오는 비행기 속에서 부친의 그 말씀이 갑자기 생각나 나도 모르게 눈물이 났다. 가난한 농부의 장남으로 집안을 일으켜야 함에도 출가를 하여, 부모님과 형제들의 삶을 힘들게 하였다. 그리고 수행자의 길을 선택하였으면 깨달음을 얻어 그 불효를 갚아드려야 하는데 그러지도 못하고 있으니, 불가(佛家)와 속가(俗家) 양가에 죄를 짓고 있는 것이다. 눈도 감지 못하고 돌아가신 부친께서 멀리 구름 속에 환영처럼 나타나, 출가 30여 년을 훌쩍 넘긴 나를 꾸짖으셨다.

"깨달음으로 가는 길은 멀고도 험한데, 수행은 게을리 하고 니는 장~그리 있으끼가?"

따뜻한 밥 한 그릇

일이 있어 출타했다가 공양시간이 되어 근처 식당을 찾았다. 겨우 가정식 백반 하는 집을 찾아 된장찌개를 시켜놓고, 창밖으로 오가는 사람들을 무심히 바라보고 있었다. 한참 후에야 공양을 차린 커다란 쟁반을 머리에 이고 할머니가 나오셨다.

"시님, 많이 기다렸지예. 시님 오셨다고 밥을 새로 했다 아닙니꺼. 많이 잡수이소."

"아, 그러세요. 고맙습니다."

밥그릇 뚜껑을 여니, 기름기가 자르르 흐르는 밥에서 김이 모락모락 나며 구수한 밥 냄새가 후각을 자극시켰다. '아! 이 밥 냄새…' 문득 지리산 토굴시절이 생각났다.

석유풍로 하나와 김치, 그리고 간장, 된장, 쌀 한 말과 수저 한 벌로 시작했던 토굴 수행시절. 정해진 공양시간도 없었다. 배가 고파 도저히 견디기 힘이 들면, 오직 굶어 죽지 않기 위해 며칠 된 식은 밥을 먹곤 했다. 쌀이 떨어지면 약초나 더덕을 캐서 하동 장에 나가 팔았다. 허름한 승복 차림으로 시장 귀퉁이에서 약초를 내놓고 있으면 사람들이 금세 다 사 갔다. 허기진 배를 안고 장터식당에서 밥을 사 먹을 때, 막 지은 '새 밥'에서 피어오르는 김을 보고 나도 모르게 뜨거운 눈물을 흘린 적이 있었다. 그때 나는 자신과 약속했다. 이 삶이 끝날 때까지 어떤 공양이라도 달게, 감사하게 먹겠노라고….

'평범함에 반하다'란 뜻의 '노멀 크러시(normal crush)' 열풍이 불고 있다. 이제 비로소 '훌륭한 사람'이 아닌 '아무나'가 되어도 괜찮은, 평범한 삶이 행복한 삶이란 것을 조금씩 깨닫기 시작한 것이다. 요즘 유행하는 '소확행-소소하지만 확실한 행복'과 비슷한 맥락이다.

사람은 누구나 성공해서 행복하기를 원한다. 그러나 원한다고 다 이루어지는 것은 아니다. 모든 사람들의 원하는 것이 다 이루어진다면, 아마 지구는 엉망진창이 될 것이다. 힘들게 수행하던 시절, 김이 모락모락 나는 따뜻한 밥 한 그릇에 반한 나는, 지금도 식당에서 기름기가 자르르 흐르는 새 밥만 나오면 그것으로 만사 오케이다.

심금을 울리다

저녁 공양 후 신도 몇 분과 시내 야외음악회에 갔다. 삼척시에서 매달 후원하는 음악회의 이번 공연은 다섯 명으로 구성된 밴드였는데 실력들이 꽤 탄탄했다. 오백여 년의 역사를 간직한 관동제일 누각인 죽서루를 배경으로 펼쳐진 음악회는, 별빛과 어우러져 여름밤을 아름답게 수놓았다. 특히 굵직한 첼로의 저음과 간장을 녹이는 듯 해금의 절절한 음색이 앙상블이 되어 음악회 내내 심금을 울렸다.

선방 다닐 때다. 경주 덕동호 최상류에서 초가집을 짓고, 수행자처럼 살아가고 있는 거사님과 인연이 있어 가끔 들렸었다. 음악 얘기를 나누다가 문득 생각난 듯 지난 이야기를 해주셨다. 어느 달빛 환한 여름날 밤, 촛불 하나 밝혀놓고 카잘스가 연주한 바흐의 '무반주첼로 조곡'을 LP판으로 듣고 있는데, 주변이 반짝거려서 둘러보니 수많은 반딧불이가 몰려와 같이 음악을 듣고 있더라는 것이었다. 명연주가 반딧불이의 심금을 울려 불러 모으지 않았냐는 것이었다.

부처님의 제자 중에 '스로오나'라는 스님이 있었다. 그는 고행을 통한 수행을 아무리 열심히 해도 깨달음의 길이 보이지 않자 지치고 마음이 조급해졌다. 이를 본 부처님께서 그에게 '거문고의 비유'를 말씀하셨다.

"거문고의 줄은 팽팽해도 너무 느슨해도 소리가 잘 나지 않는다. 수행도 이와 같이 몸과 마음이 어울려 알맞게 해야 하느니라."

심금을 울리는 부처님의 말씀에 스로오나는 닫혀 있던 마음이 열리게 되었다.

'심금(心琴)을 울리다'라는 말은 '마음의 거문고'를 울린다는 말이다. 살아가면서 우리는 과연 몇 번이나 심금이 울린 적이 있는가? 또한 누구에게 심금을 울린 적이 있는가? 알맞게 조율이 잘 된 거문고가 심금을 울리듯이, 살아가면서 인연되는 모든 것이 내 마음의 조율에 따라 심금을 울리는 도구가 될 수 있다. 영혼의 떨림, 그 '설렘'과 '울림'이 많을수록 우리 삶은 더욱 다채롭고 넉넉해질 것이다.

두 달 만에 온 엽서

점심 공양 때 엽서가 하나 도착했다. 멀리 중동 요르단 암만을 기행 중인 스님께서 보낸 것이었다. 글 쓴 날을 보니 거의 두 달 넘게 걸렸다. 교육원에서 부장 소임을 보고 있는 스님께서는 50여 명의 스님들과 함께 이집트, 이스라엘, 요르단을 거치는 문명기행 중이셨다. 그리고 드디어 역사적인(?) 예루살렘 방문을 하루 앞두고 그 벅찬 설렘을 엽서에 적어 보내셨다. 한국 불교를 대표하는 조계종 스님들이 단체로, 이교도의 성지를 방문하는 것은 역사상 처음이다. 그렇기 때문에 그것을 기획하고 실무를 담당한 스님 입장에서는 얼마나 가슴 떨리는 순간이었을지 짐작이 되었다.

스님은 엽서에서, '미국 갱스터 랩의 선구자인 2pac(투팍)은 대표곡 'Change(변화)'에서 'Somethings will Never Change(어떤

part 1
삶이 기도이다

것은 결코 변하지 않는다)'라고 했지만, 미국 역사상 최초로 흑인 대통령인 오바마가 탄생했듯이' 이번 조계종 스님들의 이스라엘 방문도 그에 상응할 만한 놀라운 변화라고 말씀하셨다. 또한 '모든 문명의 위대한 유적과 변화들은 모든 이들의 희망과 바람의 소산이기에…, (중략) 우리는 백마 탄 초인이 아니라, 우리 각자의 삶과 수행으로 매 순간 기적의 순간을 함께 했으면 하는 바람'으로 끝을 맺었다.

나는 엽서를 천천히 몇 번 읽었다. 그 사막 한가운데서 강원도 산골짝에 사는 이 산승을 생각하며, 한 자 한 자 써 내려간 스님의 정성어린 글과 시대적인 안목에 사뭇 감탄하지 않을 수 없었다. 그리고 눈을 감고 차분히 생각을 정리했다. 이 시대 진정한 종교의 의미와 사명은 무엇인가? '행복'이라는 같은 목적지를 두고, 내가 가는 길은 옳고 너는 틀리다며 곳곳에서 갈등을 유발시키는 이들의 행복 기준은 과연 어떤 것인가?

지난 부처님오신날에는 이웃 동네 성당 신부님이 오셔서 축사를 해주셨다. 하나님이건 부처님이건 알라건, 서로 행복하게 잘 살라고 가르치셨는데 어리석은 중생들은 오늘도 티격태격 싸움질이다. 올 연말 크리스마스에는 신부님이 계신 성당에 미사를 드리러 가야겠다.

49재를 지내며

오늘 49재를 지냈다. 결혼도 하지 않은 젊은 나이에 병으로 돌아가신 청신사의 안타까운 재였다. 아들을 먼저 보낸 노모는 할 말을 잊고 하염없이 눈물만 닦아내고 있었다.

"영가시여,
삶은 한 조각 구름이 일어나는 것과 같고,
죽음 또한 그 구름이 사라짐과 같습니다.
뜬 구름 자체가 허망한 것이니,
우리네 삶과 죽음도 역시 그러합니다."

우리말로 풀어놓은 의식집의 구구절절한 법문이 재주들의 마음을 더욱 애달프게 하여 추모의 마음을 더하게 했다.

주지 소임을 보면서 49재를 지내는 일은 당연한 업무 중의 하나이다. 천수를 누리다 편안하게 임종을 하신 분도 있고, 뜻하지 않은 사고나 병으로 안타깝게 세상을 떠나는 분도 있다. 이런저런 사연들을 가슴에 안고 의식을 진행하다 보면 그 자체가 수행의 일부임을 새삼 느끼곤 한다. 무상법문의 정수들이 49재 의식 속에 다 들어 있기 때문이다. 재주들은 그 의식문을 같이 읽으면서 영가에 대한 안타까움과 서러움, 혹은 생전에 다하지 못한 감정들을 쏟아내며 정리하는 시간을 가지게 된다. 49재는 결국 망자와 유족들에게 용서와 화해, 그리고 가족의 소중함을 다시 일깨워주며 치유의 시간을 가지게 해주는 마지막 선물인 셈이다.

사실 삶과 죽음은 한 몸이다. 매일 산다는 것은 매일 죽어가고 있는 것이다. 그런데 우리는 '삶'만 생각하고 허둥대지만 '죽음'에 대한 이해나 준비는 부족하다. 아니, 죽음에 대해서는 아예 이야기 자체를 금기시 한다. 그러다가 갑자기 가까운 사람이 세상을 떠나면 충격을 받아 절망에 빠지곤 하는 것이다.

천상병 시인이 말씀하신 '아름다운 이 세상 소풍 끝내는 날, 가서 아름다웠더라고…' 말할 수 있으려면 죽음에 대한 인식을 바꿀 필요가 있다. 어찌 죽음을 소풍가듯이 맞이할 수 있으랴만, 아무리 안타까운 죽음도 어느 정도의 애도 기간이 지나면 영가를 마음에서 보내 드리는 것이 좋다. 그렇게 하는 것이 산

part 1
삶이 기도이다

사람과 죽은 사람 모두를 행복하게 하는 것이기 때문이다. 살 때는 기적처럼 살아 숨을 쉬고, 죽을 때는 소풍가듯 가볍게 옷을 바꿔 입는 것이 우리네 인생이다.

공양주 임명장

백중 기도 일에 신도회 신임 임원 임명장을 드렸다. 시골 절 어디나 마찬가지이겠지만 신도회장이나 간부들은 소임을 맡는 순간부터 후원에서 살다시피 해야 한다. 누구나 절에 오면 법당에 가서 기도하고 싶어 하지 공양간에서 허드렛일하며 대중들 뒷바라지하는 마음내기란 쉽지 않다. 우리 절도 마찬가지다. 누가 선뜻 나서 신도회 간부를 맡을 사람도 없으니, 주지가 삼고초려 정도를 해야 어렵게 마음들을 내신다. 그럼에도 불구하고 보살심을 내어 그 힘든 소임을 맡아주시는 것만 해도 감지덕지한 일이다.

이번에는 공양주 임명장과 법당보살 임명장도 같이 드렸다. 누가 공양주에게 무슨 임명장을 드리느냐고 피식 웃었다. 물론 신도 회칙 구성에는 공양주나 법당보살, 혹은 부목 소임은 포함

되어 있지 않다. 신도회 임원들이 사찰 전체의 살림살이를 챙기는 것도 중요하다. 또한 늘 부처님께 공양을 지어 올리고, 법당을 청소하며, 도량을 관리하는 소임도 그에 못지않다. 몸과 마음이 지쳐 부처님께 의지하고 기도하러 온 사람들을, 가장 먼저 맞이하고 다독여 드리며 부처님을 대신하는 사람들은 바로 이분들이기 때문이다. 이분들이 어떻게 참배객을 맞이하고 안내하느냐에 따라 그 사찰의 이미지나 불교에 대한 인식이 달라진다. 바로 사찰의 얼굴이요, 부처님의 대변자인 것이다.

우리 절 공양주 혜련화 보살님은 매 철마다 용맹정진 들어가는 수행자이셨다. 여기 오실 때도 봉화에서 정진하는 수행공동체에 갈려고 짐을 꾸려 놓았다가, 도움을 청하니 바로 오셨다. 공양주 임명장을 드리는 날, 온 대중이 기쁜 마음으로 축하를 드렸다. "스님, 언제 도망갈지도 모르는데 임명장을 주시면 어떡해요?" 하시는 보살님께 "아마 대한민국에서 공양주보살님과 법당보살님께 임명장 드리는 절은 우리 천은사뿐일 겁니다. 우리 모두 멀리 있는 부처님 찾는다고 애쓰지 말고, 내 곁에 있는 부처님들을 잘 모시도록 합시다."

축사를 하고 법당을 나오니, 쏴아~ 지나가는 바람에 산천초목들이 다 박수를 친다고 야단들이다.

매미의 열반

 오후에 아는 스님한테서 전화가 왔다. 다짜고짜 "스님, 요양원 갈 돈은 모아 두셨나요?" 하고 물었다. 갑작스런 질문에 "글쎄요, 용돈이 좀 있긴 하지만 요양원 갈려면 얼마가 드는지도 모르겠고, 뭐 어떻게 되겠지요." 하며 대답을 흐렸다. 그 스님은 도반이 병들어 여기저기 떠도는 것을 보고, 늘 병치레가 잦은 내가 걱정이 돼서 연락했다는 것이었다. '가만있자, 나이 들고 병들어 정말 오갈 데 없으면 어떡하지? 수행자의 걸망은 가벼울수록 좋다고 하였는데, 그 걸망조차도 내려놓을 곳이 없다면 어디로 가야 하나?' 하는 생각이 들었다.
 저녁 공양 후 도량을 거닐다 누각에 앉아 잠시 쉬고 있는데, 참배 온 분이 다가와서 이런저런 이야기를 나누었다. 그러다가 "스님, 옷깃에 달려 있는 것이 매미 아닙니까?" 하는 것이었다.

"어디요?" 하며 살펴보니 정말 왼쪽 어깨위에 매미 한 마리가 가만히 앉아 있었다. 아마 정원을 산책할 때 날아와 붙은 모양이었다. 잡아서 날려줄까 하다가 선정(?)에 든 듯해서 내버려 두었다. 이야기를 마치고 방 앞에 와서 보내주려고 살며시 잡으니, 아! 매미는 그대로 꼼짝도 안 했다. 이미 죽은 것이었다. 갑자기 머릿속으로 시원한 바람 한 줄기가 지나갔다. 이 매미의 죽음은 가히 '열반'이라 할만하다. 이렇게 멋진 죽음을 맞이할 수 있다니…

얼마 전 지인이 동영상을 보내왔다. 태국 스님께서 대중을 모아놓고 설법을 하시곤, 그대로 앉아서 열반에 드는 모습이 있었다. 신선한 충격이었다. 평생을 수행하다 앉은 채로 입적할 정도의 법력이 되면 참 다행한 일이다. 그러나 그렇지 못한 경우의 스님들도 늙고, 병들어 죽는 일은 당연하다. 앉아서 입적하거나 선 채로 열반에 들지는 못하더라도 청빈한 수행자의 한평생 삶은 고귀하다.

오늘 저녁 이 매미는, 무슨 인연으로 내 어깨 위에서 입적하였는가? 노후걱정에 잠시 망상이 들려던 찰나, 정신 똑바로 차리고 정진이나 잘하라며, 따끔한 장군죽비 한 대 치러 왔는가? '지금 이 자리!', 화두 하나 던져놓고 갔는가? 아차!

#part 2
매달려야 한다

삶이란 애쓰는 것이다. 운명에게 당당하게 손을 내미는 것이다. 매달려야 이루어진다.

법고 불사를 하며

법고(法鼓)가 찢어졌다. 누각을 포행하다가 한 뼘 정도 찢어져 있는 법고를 발견하고 처음엔 깜짝 놀랐다. '아니, 누가 와서 북을 찢었지? 혹시 이교도의 소행인가?' 하고 생각했다. 놀란 가슴을 달래며 찢어진 곳을 찬찬히 살펴보니, 누가 찢은 것이 아니라 오래되어서 낡아 그런 것 같았다. 그래도 전문가의 자문을 구하는 것이 좋을 것 같아 법고 만드는 장인을 수소문했다. 얘기를 들으시곤 그만하면 쓸 만큼 쓴 거라 하시며, 수리가 가능한지 아니면 새로 제작을 해야 할지는 한번 봐야 한다고 하셨다. 한번 찢어진 법고는 지난여름 폭염을 견디지 못하고 계속 찢어지더니 결국 완전히 찢어지고 말았다.

초하루 법회 때 법고 불사 공지를 했다. 시골 절이라 올해 안에 과연 불사가 이루어질까 걱정했는데 한 달여 만에 정성이 모

여겼다. 다들 힘들게 살아가면서도 십시일반 동참하신 그 마음에 가슴이 뭉클했다. 부처님을 조성하면 복장에 동참 연화질을 써 넣기도 하지만, 법고라 어떻게 할까 고민하다가 한지에 연화질과 동참자 이름을 써서 북 안에 봉안하기로 했다. 법고를 칠 때마다 불사에 동참한 인연공덕으로 온 중생이 고통을 여의고 평안해지며, 시주하신 분들의 뜻한 바 일들이 원만성취 되기를 바라는 마음으로 말이다.

살다보면 집을 새로 짓거나, 오래돼서 낡은 건물은 수리를 하게 된다. 절집도 마찬가지다. 법고 수명도 한계가 있으니까 아마 30여 년 후에는 다시 제작을 해야 할 것이다. 신도님들의 소원이 서리서리 담긴 법고불사를 회향하면서 불사에 대한 생각을 다시 한 번 하게 되었다.

불사(佛事)란 곧 '부처님의 일'이다. 예부터 '불사는 불사(不思)라' 하여, 생각으로 하는 것이 아니라 그냥 절로 된다 하였다. 불보살님의 가피가 반드시 함께하기 때문이다. 이제 둥둥~ 울려 퍼질 북소리가 무명의 껍질을 하나씩 벗겨내길, 그리하여 이 북소리 듣는 사람 가슴마다 행복의 씨앗으로 자리 잡길 발원했다. 참 좋은 날이다.

천은사 시네마클럽

"오늘 절에서 영화 상영이 있으니 관심 있는 신도님들은 저녁 6시까지 천은사 설선당 큰방으로 오시기 바랍니다. '천은사 시네마클럽' 개봉작으로 상영할 영화는 티벳 다큐영화 〈다시 태어나도 우리〉입니다. 많은 관람 바랍니다."

신도회 밴드에 공지를 올리며, 관객이 얼마나 모일지 사뭇 기대가 되었다. 이 극장(?)은 그 뜨거웠던 지난여름, 108배 백일기도를 끝낸 불자님의 스크린 불사 덕분이다. 저녁 공양을 마치고 극장주로서의 만반의 준비를 끝내고 목을 길게 늘여 손님들을 기다렸다. 맛있는 간식거리와 차도 준비해 두었다. 천은사 극장을 처음 여는 날, 사장(寺長)님의 가슴은 잔뜩 설레고 있었다.

나는 예전에 영화 보는 것을 참 좋아했다. 해인사 학인시절, 〈달마가 동쪽으로 간 까닭은〉 영화를 보기 위해 대구 병원 간다는 핑계를 대고 서울까지 간 적도 있었다. 영화는 내가 살아 보지 못한 또 다른 삶을 간접적으로 보여주는 살아 있는 법문 이다. 어떤 때는 영화 중에 나오는 명대사가 부처님 말씀보다 더 간절하게 와 닿는 것도 있다. 이번에 이런 조촐한 극장을 연 것 도, 영화 속에 담겨 있는 살아 있는 부처님 가르침을 서로 공유 하고, 현실에서 어떻게 적용시켜 나갈 것인가를 고민해 보자는 뜻에서 만든 것이다.

영화 〈다시 태어나도 우리〉는 전생을 기억하는 9살 앙뚜와 그를 위해 모든 것을 희생하는 스승 우르갼의 이야기를 9년 동 안 찍은 다큐멘터리다. 사실, 우리들은 매일 '내 인생의 영화' 주 인공이 되어 영화를 찍으며 살고 있다. 유행가에 "우리 사랑 연 습도 없이 벌써 무대에 올려졌네"라는 가사가 있다. 연습 없이 올려진 무대에서 생방송으로 사는 삶, 이것이 인생이다. 영화 〈AI〉의 대사 중 '과거는 기억할 수 있지만 바꿀 수 없다. 미래는 기억할 순 없지만 바꿀 수는 있다. 그러니 지금 행동해야 한다' 는 대사가 있다.

내 인생의 영화를 해피엔딩으로 할지, 후회 가득한 슬픈 막 을 내려야 할지는 지금 내가 선택하기 달렸다. 그대, 멋진 영화 찍을 준비는 되셨는가? 자, 레디~ 액션!

직진스님과 디귿스님

우리 절에는 성품과 수행가풍이 너무나 대조적인 J스님과 S스님이 계신다. 한 분은 일단 목적지를 정하면 옆도 돌아보지 않고 목적지까지 가는 '직진형'이다. 다른 한 분은 목적지를 가더라도 여기저기 둘러볼 것 다 보면서 가는 분이다. 가끔 시내에 가면 시골사람이 도시에 막 올라온 것처럼 여기저기를 기웃거리며 신기해 하셨다. '천진' 그 자체였다. 나는 두 분을 '직진스님'과 '천진스님'으로 부르며 웃기도 했다.

어느 날 천진스님께서 직진스님께 바람 쐬러 간다며 자동차를 좀 빌려 달라고 했다. 직진스님은 그러시라며 열쇠를 드렸다. 잠시 후 법당에 기도하러 가는 직진스님께 천진스님이 황급히 달려왔다. "스님, 잠깐만요. 차가 나가려면 '디귿'으로 해야 됩니까?" 직진스님은 갑자기 멍해졌다. "디귿이라구요? 뭐 말씀이

세요?" 알고 보니 출가 전 수동변속기로 자동차를 몇 번 몰아본 것이 전부인 천진스님이 출가 후 처음 운전석에 앉았는데, 변속레버에 쓰여 있는 'D'라는 글자를 보고 당황하여 엉겁결에 '디귿'이라고 말한 것이었다. 그 이야기를 들으며 대중들은 배꼽을 잡고 웃었다. 그 후 천진스님의 별호는 다시 '디귿스님'으로 바뀌었다.

두 스님의 방 사이 기둥 앞에 '속도가 아니라 방향이다'라는 문구가 적힌 작은 나무토막이 놓여 있다. 서로 다른 속도로 가고 있지만 한 방향을 향해 가며 탁마해 가는 두 스님의 공부하는 모습이 참으로 아름답다. 깨달음이란 목적지는 같지만 다만 근기와 방편에 따라 빠름과 늦음이 있을 뿐이다. 부처님과 선지식들께서 먼저 이루시고 세워놓은 이정표를 따라, 후학들은 믿고 포기하지 않으며 묵묵히 가면 언젠가는 반드시 목적지에 도달할 것이다.

옆에 가는 사람이 나보다 앞서 가거나 더디게 온다고 투덜대지 말라. 그대의 인생 내비게이션에 경유지를 '지금'으로, 목적지를 '행복'으로 설정하라. 그리고 변속레버를 '디귿'에다 놓고 '직진'으로 계속 가다 보면 가는 곳곳 행복의 땅을 지나게 될 것이다. 속도? 그리 중요하지 않다.

부처님과의 인터뷰

기도를 하고 내려 오니 '부재중' 전화가 한 통 와 있었다. 책 출간으로 근래 통화를 자주하던 출판사 대표였다. 전화를 드리니 "스님, 어디 인터뷰하고 오셨어요?" 했다. "인터뷰요? 부처님하고 인터뷰를 하고 오긴 했지요." 하며 웃었다. 거사님께서도 같이 웃으시며, "아이고, 스님 죄송합니다. 제가 기자 생활을 오래하다 보니 그만 인터뷰가 입에 배어 그랬습니다." 하셨다. 전화를 끊고 나서 가만히 생각을 했다. '나는 정말 부처님과의 인터뷰를 제대로 하고 왔나? 부처님께서 내게 하신 질문에 얼마나 진실로 대답을 하였으며, 나 또한 공부하다가 궁금한 것을 제대로 여쭈었는가?' 갑자기 장군죽비로 등짝을 한 대 얻어맞은 듯 정신이 번쩍 들었다.

살아가면서 인터뷰는 매우 중요하다. 승속을 막론하고 모든 시험의 마지막에는 면접, 즉 인터뷰가 있기 때문이다. 법회시간에 신도님들이 스님께 하는 질문도 인터뷰하는 것과 같다. 모르면 물어야 하는 것이다.

오래전 미얀마 마하시수도원에 잠시 있을 때 그곳에서는 매일 선원장 스님과 공부에 대해서 인터뷰를 가졌다. 정진 중 겪게 되는 마음 현상들을 하나하나 점검해 주는 것이다. 우리네 공부 방법과는 조금 다르지만 근기나 필요에 따라 좋은 방법이기도 했다. 인터뷰는 소통의 다른 말이기도 하다. 어떤 문제나 사람에 대해서 궁금증을 푸는 것이고, 그럼으로 해서 앞으로 더 나아갈 수 있는 것이다.

우리들이 기도를 올릴 때 부처님과 인터뷰하는 것으로 생각하고 임한다면, 좀 더 부처님께 다가가는 계기가 되지 않을까 한다. 그냥 일방적으로 입으로만 하는 염불이 아닌, 가슴으로 '부처님을 생각'하는 '염불念佛'이 된다면 기도 성취도 훨씬 빠를 것이다.

기원정사에서 수보리존자가 부처님께 드렸던 명질문으로 인해 『금강경』이 탄생하였듯이, 내일 나는 부처님과의 인터뷰에서 어떤 질문을 드려야 할까? 기도하면서 읽어드리는 신도님들의 축원문이야 일상이지만, 진정으로 내가 부처님께 드리는 질문은 어떤 것이어야 할까? 밤새 고민하며 인터뷰 문안을 작성해 봐야겠다.

공사장 한 복판에서

"어이, 조금만 더 내려 봐. 아, 글쎄 그쪽이 아니라니께. 어허, 이 사람아, 제대로 좀 해봐. 그것도 똑바로 못 맞추는가?"

커다란 돌을 줄에 매달고 있는 포클레인 기사에게 석공이 큰 소리로 하는 말이다. 지금 내 처소는 공사판으로 아수라장이다. 내 방을 가운데 두고 앞마당에는 커다란 바위 수십 개가 널려 있고, 뒤쪽에는 밀려 내려온 토사를 걷어내고 석축 쌓기 공사가 한창이다. 변변한 석축도 없이 산죽과 두릅나무로 겨우 버텨오던 비탈이 이제야 제대로 면모를 갖추어 가는 모양새다.

코끼리 로봇같이 생긴 커다란 포클레인은 하루 종일 마당과 작업장을 오가며 돌을 실어 나른다. 공사 초기에는 바위 깨는 소음이 온 도량을 진동하며 방을 들썩거리더니, 이젠 포클레인의 쇠바퀴 소음이 "끼이익 끼이익" 하며 날카로운 기계음을 내고 있다. 대중들이 "스님, 시끄러워서 어떻게 지내세요. 공사 다 할 때까지 어디 휴가라도 다녀오시죠?" 할 때만 해도, "하하, 뭘 이 정도 가지고요. 포클레인과 망치의 스테레오 연주를 들으며 야단법석으로 삼으면 되죠." 하고 큰소리 쳤다. 그런데 오늘은 도저히 참을 수 없어 결국 귀마개를 하고야 말았다.

먼지투성이인 마루문을 열고 포클레인 기사님께 인사를 건넸다.

"기사님, 하루 종일 이렇게 시끄러워서 어떻게 작업하세요?"
"시끄러워요? 이 소리가 시끄러우면 일을 못하지요."

대답은 의외로 간단했다. 할 말이 없었다. 공사장에서 나는 온갖 기계음들을 소음으로 생각한다면 어떻게 일을 하겠는가? 소음이란 현장 근로자가 느끼는 것이 아니고, 그 일과 관계없는 사람들이나 느끼는 감정이다. 소음과 소리는 결국 한 생각 차이인 것이다. 제법 수행을 했다는 사람들도 주변 환경에 영향을 받기 쉽다. 산만하면 집중이 잘 안 된다. 온실 속의 화초가 밖에서 된서리를 맞으면 맥을 못 추는 것과 같다. 일부러 시장 바닥에 앉아 좌선을 할 일은 아니지만, 공사장 한복판에 있는 나는 지금까지의 공부를 점검받고 있다. 포클레인 소음이 새소리처럼 들릴 때까지. 나무 관세음보살!

새해 기도

부처님! 새해를 맞이하는 이 아침에 향(香) 하나 사르고 소박한 기도 올립니다. 부디, "이것도 기도냐?" 하지 마시고 어여삐 봐 주셨으면 합니다.

먼저 '다름'을 인정하고 '틀림'을 고쳐 나갈 줄 아는 지혜를 갖게 하소서. 초하루법회 때 노보살님들 소원 담아 꽂아 놓은 향으로 향로가 가득하여, 부처님께서 "아이고, 매워라." 하셔도 눈살 찌푸리지 않게 하소서. 그 향연들이 서리서리 맺혀 있는 법당에서, 그분들의 고뇌를 진실로 부처님께 기도 드릴 수 있는 신심을 갖게 하소서.

몸이 아파 거동조차 못하고 누워 있는데, 상담하러 오신 분이 아들 사주 봐달라며 떼를 쓰실 때 "난 그런 거 못 봐요, 다른 절에 가보세요." 하여 씁쓸한 기분으로 돌아가지 않게 하소서.

오히려 그분께 사주팔자보다 더 좋은 부처님 말씀 한 구절 가슴에 새겨 갈 수 있는 지혜를 주소서.

공양 후 산책길에서 만나는 새들과 나무, 지나가는 지렁이에게까지 안부를 전하는 따뜻한 마음을 가지게 하소서. 길을 가로질러 열심히 기어가는 지렁이가 차에 치어 돌아가시지 않게, 길 옆 숲으로 옮겨 주는 자비심을 갖게 하소서. 몇 번 하다가 "내가 어떻게 이 많은 지렁이를 다 옮겨 줘, 지 팔자지 뭐." 하고 포기하지 않게 하소서.

스님이라고 무게 잡고 살지 않고 기쁠 때 같이 웃고, 슬플 때 같이 울어주는 인간적인 수행자가 되게 하소서. "난 허리가 아프니까, 그리고 무릎도 수술했으니까, 오늘은 몸이 좀 안 좋네. 새벽예불 빠져도 부처님은 이해하실 거야."라며 자신을 합리화하여 나태해지지 않게 하소서. 출가 첫날, 그 간절함이 늘 살아 숨쉬어 수행자의 본분을 잊지 않게 하소서.

끝으로 공찰 주지 소임 다하고 떠날 때, 가벼운 걸망 하나 지고 훌훌 떠날 수 있게 하소서. 그리하여 언젠가 이 사바세계를 떠나며 옷을 바꿔 입는 날, 난 참으로 행복한 수행자의 삶을 살았노라고 미소 지으며 갈 수 있게 하소서. 그리고 부처님, 기도를 하다 보니 "하소서" "주소서"만 해서 죄송합니다. 좀 더 정신 차리고 살겠습니다.

삶의 균형 맞추기

　선방 다닐 때다. 좌선할 때 왼발을 오른다리에 올려 앉는 것이 편해서 나도 모르게 습관이 되었다. 발이 저려 다리를 바꿔 앉을 때면 무릎이 바닥에 딱 붙질 않고 왠지 불편했다. 오랜 습관으로 벌써 몸이 한쪽으로 기운 것이다. 좌선할 때 두 다리를 균형 있게 사용하지 않으면 나중에는 골반이 비뚤어져 척추까지 휘게 된다. 불편하지만 잘 사용하지 않는 다리도 같이 써줘야 몸의 균형이 바로 잡히는 것이다.

　요즘 '워라밸'이란 말이 유행이다. '워크 앤 라이프 밸런스(Work and Life Balance)'의 줄임말인데, '일과 삶의 균형'을 맞추는 문화의 필요성이 대두하면서 등장한 신조어이다. 워라밸 세대는 이전 세대와 달리 일 때문에 자기 삶을 희생하지 않는다. 조직보다 개인의 삶이 중요하기 때문이다. 특별한 목적 없이도 공부하고 새로운 취미를 배우며, 자기 자신에게 작은 선물로 보상하는 것도 워라밸 세대의 특징이다.

　영화 '먹고 기도하고 사랑하라'를 보면, 누가 보더라도 성공한 주인공이 어느 날 문득, 자신이 진정으로 원하는 삶이 무엇인지에 대한 의문이 생겨 길을 나선다. 여행 중 만난 멘토는 방황하는 그녀에게 삶의 균형에 대해 이야기 해준다. "누군가를 사랑함으로써 당신이 정해 놓은 균형이 깨어진다고 생각하지 말아요. 그 균형이 깨어지는 자체가 균형을 바로 잡아나가는 과정이기도 하니까요."

　우리는 살아가면서 많은 일을 겪게 된다. 때론 감당할 수 없는 무게로 다가와 균형을 잃고 비틀거리기도 한다. 대부분은 잠시 비틀거리다가 다시 균형을 잡기도 하지만, 심한 경우에는 쓰러져 일어나지 못할 때도 있다. 우리네 삶은 너무 한쪽으로 치우치고 경직되어 있다. 삶의 유연성, 나의 지향하는 삶에서 중심을 잃지 않으려는 노력이 필요하다. 중도란 이것도 저것도 아닌 중간이 아니라, 양 끝에 치우치지 않고 올바른 중심을 유지하려는 균형 감각이다.

부처님의 맨밥

사시불공을 한참 하고 있는데 엄마와 꼬마가 같이 와서 부처님을 참배했다. '마지' 올릴 시간이 되어 불기(佛器) 뚜껑을 여니, 김이 모락모락 나는 하얀 쌀밥이 소복하게 드러났다. 꼬마가 엄마한테 묻는 소리가 소곤소곤 들려왔다.
"엄마, 저거 뭐 하는 거야?"
"쉿, 부처님께 밥 드세요 하는 거란다."
조금 있더니 "엄마, 근데 부처님은 왜 맨밥만 먹어? 반찬은 안 먹어?"
"…?!"
조용한 걸 보니 엄마가 대답을 찾지 못한 것 같았다. 기도를 이어가면서 그 꼬마가 재밌기도 하고 기특했다.
행자시절, 공양간에서 막 지은 마지를 부처님께 올리는 일은 참으로 신심 나는 일이었다. 삼배를 드리며 "부처님, 많이 드세요."라고 하면 왠지 흐뭇해하시는 것 같았다. 몹시도 피곤하던 어느 날, 문득 "삼계의 대도사이신 부처님께서 꼭 이렇게 밥을 드셔야 되나? 그것도 반찬도 없이 맨밥을…. 다기 물에 말아서 드시나?" 하는 짓궂은 생각이 들었다.

전에 미얀마 순례를 갔을 때다. 아난다 사원을 참배하고 조용히 앉아 좌선을 하고 있는데, 불자 한 분이 쟁반에 무엇을 이고 들어와 부처님께 공양을 올렸다. 무심코 바라보다 깜짝 놀랐다. 거기에는 조그만 그릇에 밥과 몇 가지 반찬, 그리고 수저 등이 놓여 있었다. 진정 부처님을 배려한 인간적인 공양 모습에 코끝이 찡한 적이 있었다.

이제 몇 십 년을 절에서 살다 보니 부처님의 마음을 조금 알 것 같다. 부처님께서 맨밥 준다고, 혹은 생식하시라며 생쌀을 드려도, 그것도 아니면 아예 굶겨도 야단치실 일은 없다. 그저 중생들이 그렇게라도 해서 마음이 편하고, 공동체가 안정이 되며, 소원까지 이루어진다면 기쁜 마음으로 지켜보실 뿐이다. 부처님께서 밥을 달라 하지 않으셨지만 공양을 올리는 것은, 공덕의 씨앗을 심는 것이다. 마치 대지가 농부에게 농사를 지어 달라고 하지 않았지만 농부가 씨앗을 뿌리고 가꾸어 곡식을 수확하는 것과 같다. 지극한 마음으로 올리는 공양, 그것이 진정한 공양이다.

자찬묘비

　며칠 전 설악산 화암사에 은사 스님 제사를 모시러 갔다. 사찰 초입에 있는 부도전에서 은사이신 도명스님께 인사를 드렸다. 입적하신 지가 벌써 20여 년이 넘어 이젠 그 호탕하던 웃음소리마저 가물가물 기억이 잘 나질 않았다. 마치 고향집에 돌아와 아버지의 거친 손을 잡아 드리는 듯, 부도를 조심스럽게 어루만져 보았다. 해인사 학인시절 방학 때 인사드리러 갔더니, 공부 열심히 하라며 기뻐하시던 모습이 선하게 떠올랐다. 부도 옆에 나란히 세워진 탑비의 행장을 읽어보며 은사 스님의 일생을 그려보았다. 탑비에 새긴 글은 정휴스님께서 쓰셨다. 작년에 입적하신 신흥사 조실 오현스님과 함께 세 분은 지기처럼 가깝게 지내셨다. 먼저 간 도반을 위해 이렇게 자리를 마련해 주고 비문까지 적어주시니 상좌로서 감사할 따름이다.

돌아서 나오는데 은사 스님 부도 옆에 새로운 부도와 탑비가 있어 누구신가 하고 살펴보다 깜짝 놀랐다. 지금 화암사에 주석 중인 정휴스님께서 당신의 탑비명을 미리 지어 놓으신 '자찬탑비(自撰塔碑)'였다. 도반 옆에 미리 자신이 앉을 자리를 정해 놓고, 지나온 삶과 앞으로 남은 삶을 정리해서 돌에다 새겨 놓으신 것이다.

조선시대 선비들은 자신의 묘비에 써 넣을 묘비명을 직접 썼다. 이른바 자찬묘비(自撰墓碑)였다. 사대부의 관습이기도 했다. 자찬묘비는 과거와 현재, 그리고 미래를 연결하는 인생에 대한 통찰인 동시에 개개인의 개성을 드러내는 글이었던 셈이다.

"우물쭈물하다가 내 이럴 줄 알았지."

영국의 유명한 극작가인 버나드 쇼의 묘비명은 통찰력과 해학이 담긴 구절로 널리 알려져 있다. 조선후기 문신이며 대학자로 삼척부사를 지내셨던 허목 선생도 자명(自銘)을 남겼다.

"말은 행동을 덮지 못하고 행동은 말을 실천하지 못하였다. 부질없이 성현의 글 읽기만 좋아했지 내 허물은 하나도 바로잡지 못하였다. 이에 돌에 새겨 후인을 경계하노라."

가슴이 뜨끔한 글이다. 이제 나의 차례다. 난 과연 어떤 탑비명을 써서 남은 수행 여정의 경책과 삶의 지남(指南)으로 삼을 것인가.

혀에게 사과하다

아침공양을 하다가 혀가 깨물렸다. 피가 조금 날 정도니 꽤 세게 물렸나보다. 조심해서 공양을 마저 하고 절 아래 통방아정원까지 산책을 나섰다. 상처 난 혀가 계속 욱신욱신 아려왔다. 평소 그렇게 음식물을 이리 굴리고 저리 돌리면서 자유자재하게 움직이더니, 어쩌다가 스텝이 꼬여 이렇게 아픔을 준단 말인가? 그렇다고 어쩌다 한 실수를 혼낸다며 더 세게 물어봤자, 나만 손해고…. 한편으론 이 혀가 존재감을 나타내기 위해 일부러 그랬지 않나 싶기도 했다. 아무리 열심히 일을 해도 도대체 주인은 귀한 줄을 알지 못하는 듯하니 시위를 했을지도 모를 일이었다. 알아 달라는 것이다.

　세상의 존재하는 모든 문제와 갈등은 상대방을 인정하지 않기 때문에 일어난다. 오직 내 생각만 옳고, 방법이 옳고, 결과가 옳다고 생각하기 때문이다. 어느 날 누가 물었다. 불교가 무엇이냐고. 나는 망설임 없이 대답했다.

"네, 부처님께서 평생 가르친 법문을 두 글자로 줄이면 '배려'라고 할 수 있습니다. 팔만대장경은 어떻게 하면 서로 다투지 않고 화합하면서 잘 살아갈 수 있는지, 그 방법을 근기에 맞게 풀어 놓은 것입니다. 그렇게 살다 보면 자연스럽게 고통에서 벗어나 자유롭고 행복하게 되는 것이지요."

배려? 그것 쉽지 않다. 먼저 나를 낮추고 상대방을 인정할 줄 알아야 한다. 그리고 생각이 다른 사람을 설득하려면 지혜로워야 한다. 지혜란 책에서 얻어지는 것이 아니다. 몸으로 깨닫는 수행과 인과의 경험으로 얻어진다. 나만 아는 고집불통이 아닌, 서로 이해하고 배려하는 것이 상생하는 것이다. 도대체 이해가 안 되는 것이 있더라도 '그럴만한 사정이 있겠지, 한 번 들어나 보자'라는 열린 마음이 필요하다.

산책길에서 돌아오며 잠시 근무태만(?)했던 혀에게 사과했다.

"혀야, 미안하다. 네가 그렇게 애쓰는 줄도 모르고 깨물린 고통만 생각해서 잠시 원망했구나. 괜찮아, 내가 하는 실수에 비하면 넌 아무것도 아냐. 그럴 수도 있지 뭐."

기차가 늦는 이유

인도 순례를 갔을 때다. 기원정사에 있는 한국 절 천축선원에 있다가 북인도 '코사니'에 가기 위해 '곤다'역에서 '카타고담'행 기차를 기다리고 있었다. 대합실에서 파는 토스트와 '짜이'로 저녁을 먹었다. 그런데 도착시간이 되어도 기차는 오질 않았다. 인도니까 좀 늦는 것은 당연한 일이라 여기며 짜이를 한 잔 더 시켜 먹었다. 한 시간 두 시간, 그렇게 시간이 흘렀다. 점점 답답하고 불안해지기 시작했다. 옆에 있는 사람에게 티켓을 보여주며 이 기차는 왜 안 오는지 모르겠다며 하소연을 했다. 그 사람이 유심히 티켓을 보더니 "No Problem"을 외치며 좀 더 기다리라는 것이었다.

세 시간을 기다리다가 결국 역 사무실로 들어갔다. 왜냐하면 나는 도착역에 사람이 나와 기다리기로 약속이 되어 있어, 기차가 연착되면 연락처도 모르는 그 사람이 돌아갈까봐 불안했던 것이다. 기차표를 보여주며 항의를 했다. "왜 지금까지 이 기차가 오질 않느냐?" 하니 역무원은 나를 물끄러미 쳐다보면서 좀 기다리면 온다고 했다. 그래도 화가 덜 풀려서 "도대체 언제 온단 말이냐?" 하면서 "Problem"을 외쳤다.

역무원은 안색 하나 안 바꾸고 대답했다. "당신이 타고 갈 기차는 제 시간에 출발해서 열심히 오고 있다. 다만, 오는 도중 사정이 생겨 이렇게 늦는 것이다. 저 밖에 있는 많은 사람들도 그 기차를 기다리고 있다. 모두 아무 말 없이 잘 기다리고 있다. 무엇이 문제냐? 오직 문제 제기를 하고 있는 당신이 더 큰 문제 (Big Problem)다."라고 했다. 순간 뒤통수를 한 방 맞은 듯이 정신이 번쩍 들었다.

대륙의 수많은 역을 지나오며 이런저런 사정으로 조금씩만 지체되어도, 몇 시간쯤 늦는 것은 있을 수 있는 일이다. 최선을 다해서 오고 있는 기차를 내 입장만 생각해서 화를 낸 것이다. 어리석은 사람은 결과만 보고 화를 내지만 지혜로운 사람은 그 일이 있게 된 원인을 살핀다. 삶에는 늘 그럴만한 이유가 존재한다.

다행과 불행 사이

초하룻날 새벽이면 항상 와서 기도하고 가시는 노보살님이 있다. 한동안 안 오셔서 어디가 편찮으신가 했는데 오후에 따님 차를 타고 오셨다. 한 손엔 지팡이를 짚으시고 따님의 부축을 받아 겨우 다니셨다. 밀린 인등비를 쌈지에서 꺼내 주시며 "시님, 이제 이 할매는 다리가 아파 절에도 못 오겠심니더. 우짜든지 우리 아들딸들 잘 되게 기도나 잘 해주이소." 하셨다. "네, 보살님. 걱정 마세요. 보살님 안 오시더라도 제가 부처님께 잘 말씀드릴게요. 그리고 가끔 따님과 함께 절에 바람 쐬러 오세요. 보살님 나이에 이렇게라도 절에 오시는 것이 얼마나 다행입니까? 그렇지요?" "하하하, 우리 시님 말씀 듣고 보니까 진짜 그렇네요. 고맙심니더." 차 한 잔 드린 후 보살님 손을 잡고 차까지 모셔 드리니 기분 좋아하며 내려가셨다.

두 친구가 술집에서 만나기로 했다. 한 친구가 뒤늦게 도착해서 막 가게로 들어서려는데, 입구에서 꽃을 팔던 할머니가 다가왔다. 아픈 손녀 약값을 마련한다며 꽃을 팔길래 달라는 돈보다 더 주고 꽃을 사 자리에 앉았다. 먼저 온 친구가 말했다.

"저 할머니 사기꾼이야. 손녀딸 아프다며 저기에서 항상 꽃을 팔거든? 그런데 저 할머니 아예 손녀딸이 없어."

그러자 속았다며 화를 낼 줄 알았던 그 친구의 표정이 환해졌다.

"정말? 손녀가 없어? 그러면 저 할머니 손녀딸 안 아픈 거네? 정말 다행이다. 친구야, 한잔 하자. 건배!"

이 이야기는 일본의 한 CF에 나오는 글이다.

인생을 살아가면서 별일 없이 순탄하면 얼마나 좋겠는가? 그러나 '삶'은 '죽음'이란 사건을 끝으로 비로소 막을 내린다. 이생에 몸을 받은 이상 어차피 겪어야 할 일들은 겪어야만 한다. 다만 관점을 어디에 두느냐에 따라 인생의 행복과 불행이 결정되는 것이다. 주어진 조건과 환경을 긍정적으로 받아들이는 것, 더 큰 화를 입을 뻔 했는데도 이 정도로 그친 것, '그래도 그만하길 다행이다'라는 생각이 내 인생을 다채롭게 바꾼다.

다만 애를 쓸 뿐

"스님, 백일기도를 하면 아기가 생길까요?"

그녀의 목소리는 절박함으로 떨리고 있었다. 몇 번 상담을 신청했던 분과 오늘에야 시간이 맞아서 차 한 잔을 나누게 되었다. 힘들게 살아오다 늦게 결혼을 했는데 아기가 안 생긴다는 것이었다. 병원에서 시키는 대로 시술도 하고, 좋다는 약은 다 먹어봤다고 했다.

"네, 마음이 그렇게 힘들면 기도도 좋은 방법일 수 있습니다. 그런데 이렇게 생각해 보면 어떨까요?"

"어떻게요?"

나는 차 한 잔을 건네며 차분하게 말을 이어갔다.

"보살님, 지금 사는 것은 어떠세요? 늦게나마 사랑하는 사람을 만나 결혼을 하였으니 행복하시지요? 그리고 가정을 꾸렸으면 당연히 아기가 있으면 좋겠지요. 그러나 아무리 애를 써도 아기가 생기지 않는 것을 어떻게 합니까. 그래도 아기를 갖고 싶으면 입양을 하는 방법도 있겠지요."

조용히 눈물을 닦는 보살님께 다시 차 한 잔을 드리며 말했다.

"보살님, 살아가면서 내 뜻대로 되는 것은 없습니다. 다만 애를 쓸 뿐이지요. 보살님은 지금 아기가 없어 힘들다고 하시지만 세상에는 보살님보다 더 힘든 사람들도 많이 있습니다. 아기가 없다고 인생이 불행하진 않습니다. 주변을 둘러보면 다른 곳에서도 얼마든지 행복을 찾을 수가 있답니다."

마음이 한결 편안해진 듯한 보살님은 가면서 이런 말씀을 하셨다.

"스님, 고맙습니다. 이제 어떤 일이 생겨도 그 자리에서 늘 감사한 마음으로 살겠습니다."

산책길 바위틈에서 자란 소나무가 하나 있다. 그 소나무가 좋은 땅에 씨앗이 떨어지지 않은 것을 탓하며 싹 틔우기를 포기했다면 이렇게 멋진 소나무는 없었을 것이다. 오히려 그 척박한 돌 틈에서 살아내려고 애쓴 과정들이 더 아름다운 나무를 만든 것이다. 그렇다. 산다는 것은 처절한 슬픔이면서 아름다운 것이다. 눈물겹도록 아름답다. 그러하기에 더욱 살아 볼 만한 가치가 있는 것이다. 주어진 삶이기에 내가 할 수 있는 모든 정성을 기울여 살아내면 되는 것이다. 그것이 인생이다.

근심걱정 없는 곳

"스님들은 이렇게 산 좋고 물 좋은 곳에 사니까 아무 근심걱정도 없지요? 스님들은 참 좋겠다."

문화강좌 다니시는 분들이 사찰 참배 오셔서 안내를 해드리고 나니 어느 보살님께서 하신 말씀이다.

"하하, 그렇게 보이세요? 바깥세상 보다야 덜하겠지만, 이곳도 사람 사는 곳이라 나름대로의 힘든 것도 있답니다. 그리 좋아 보이시면 여기 와서 한 번 살아 보실래요?"

"아뇨, 전 새벽에 일어나질 못해요." 하며 웃으셨다.

미국 애리조나주에 억만장자들이 은퇴 후에 모여서 사는 '썬밸리'(Sun Valley)라는 곳이 있다. 하지만 그곳에 사는 사람들은 보통 사람들보다 치매 발병률이 훨씬 더 높다는 놀라운 연구 결과가 나왔다. 이러한 충격적인 사실에 우리나라 유명한 박사가

그 이유를 조사하고자 그곳을 가보니 정말 지상낙원이 따로 없었다고 한다. 모든 편의시설과 최신 의료시설에 최고의 실력을 지닌 의사들이 있었다. 그럼에도 불구하고 그곳에 있던 사람들이 치매에 더 많이 걸린 이유는 뭘까?

행복한 삶은 걱정 없이 편안하게 사는 것보다 오히려 여러 가지 어려움들을 겪으면서 그것을 해결해 가는 과정에 있다. '인생낙원'은 다름 아닌 바로 내가 가장 고민하고 걱정하며 다투고 화내며 살고 있는 이곳이다. 썬밸리의 많은 사람들이 다시 시끄러운 마을로 돌아가는 이유는, 일상적으로 겪는 '스트레스'와 생활고에 대한 '걱정', 그리고 일상생활의 '변화'가 오히려 더 건강하게 해준다는 것을 깨달았기 때문이다. 너무 안락하고 편한 것이 오히려 병을 유발한다는 것이었다.

부처님께서 편안한 왕궁생활에 젖어 평생을 사셨다면 일찍 돌아가셨을 수도 있다. 하지만 성을 나와 6년의 고행 끝에 깨달음을 얻으시고, 평생을 수행자들과 함께 불편한 공동체생활을 하셨기 때문에 건강하고 행복하게 장수를 하셨을 수도 있다. 삶이 너무 편하다 보면 몸과 마음이 나태해진다. 온실 속의 화초보다 비바람 눈서리를 맞고 자라는 들꽃의 향기가 더 진하고 생명력도 강하다. '고생苦生'이란 '苦는 生한다'는 뜻이다.

매달려야 한다

신중기도 입재 날 '기도의 가피'라는 주제로 법문을 했다. 열심히 기도의 삼종가피에 대해 설명을 했다. 그리고 신도님들께 질문을 했다.

"기도 성취를 하려면 어떻게 해야 할까요?"

모두 궁금한 표정으로 조용히 앉아 계셨다. 이때 적막을 깨고 노보살님 한 분께서 말씀하셨다.

"매달려야죠, 뭐."

정말 군더더기 없는 깔끔한 대답이셨다. 모두 "그래, 맞아 맞아." 하면서 고개를 끄덕였다.

어떤 사람이 물에 빠져 허우적거리고 있었다. 마침 보트가 지나가며 물었다.

"건져드릴까요?"

물에 빠진 사람은 연신 물을 들이키면서도 "아뇨, 하나님이 구해 주실 거예요." 좀 있다가 다른 보트가 지나갔는데 또 도움을 거절했다. 그러다 결국 물에 빠져 죽었다. 나름 억울했는지 하나님한테 따져 물었다.

"하나님, 애타게 기다렸는데 왜 저를 안 구해 주셨어요?"

그러자 하나님이 말씀하시기를 "무슨 소리야? 내가 보트를 두 대나 보냈는데 그걸 다 놓쳤단 말이냐? 이 바보야."

신도님 자제분이 가고 싶은 직장에 3차 시험까지 치고 최종 결과를 기다리고 있었다. 그러나 아주 근소한 차이로 아깝게 떨어지고 말았다. 잔뜩 기대를 하고 있던 본인은 물론 열심히 기도하던 어머니까지 좌절과 실망이 이루 말할 수 없었다. 시험을 치고 발표할 때까지 그 청년의 어머니는 매일 법당에 와서 목이 쉴 정도로 기도를 열심히 하셨다. 그 모습을 지켜보았기에 나도 마음이 안타까웠다.

보살님께 기운 내라고 위로를 드린 후 며칠이 지났다. 다시 마음을 추스르고 법당에서 기도를 하던 보살님께서 공양간으로 뛰어 들어오시며 외쳤다.

"스님, 우리 아들 합격했어요."

누군가 입사를 포기하여 예비 합격자명단에 있던 아들이 추가로 합격이 된 것이었다.

"그래요? 정말 다행입니다. 축하드립니다."

온 마음으로 기도에 매달렸던 보살님과 그 청년은 인생의 쓴맛과 단맛을 한꺼번에 보너스로 받은 셈이었다. 삶이란 애쓰는 것이다. 운명에게 당당하게 손을 내미는 것이다. 매달려야 이루어진다.

#part 3
띄워야 산다

영화 〈AI〉의 대사 중 '과거는 기억할 수 있지만 바꿀 수 없다. 미래는 기억할 순 없지만 바꿀 수는 있다. 그러니 지금 행동해야 한다.'는 대사가 있다. 내 인생의 영화를 해피엔딩으로 할지, 후회 가득한 슬픈 막을 내려야 할지는 지금 내가 선택하기 달렸다. 그대, 멋진 영화 찍을 준비는 되셨는가? 자, 레디~ 액션!

농사에 영혼을 팔다

초하루 법회 때 오랜만에 오신 노보살님이 계셔서 인사를 드렸다.

"보살님 오랜만에 오셨어요. 어디 멀리 다녀오셨어요?"

"어디 가기는요. 농사에 영혼을 팔아 올 시간이 없었습니다."

"농사에 영혼을 팔아요?"

순간 영혼에 찌릿하고 전기가 흐르는 것이 느껴졌다. 얼마나 농사를 열심히 지었으면 영혼을 팔 정도로 일을 하신단 말인가? 그리고 시골 할머니의 입에서 이렇게 아름다운 시구가 나올 수 있다니…. 마치 부처님께서 노보살님의 입을 빌어 공부점검 나오신 것 같아 가슴이 뜨끔했다.

영혼을 판다는 것은 온 마음을 다한다는 것이다. 그야말로 삼매에 드는 것이다. 수행을 하든, 일을 하든, 혹은 사랑을 하던

지 오롯이 정성을 다하는 것이다. 효봉선사는 정진삼매에 들어 엉덩이가 짓물러 터져 방석이 달라붙어도 모를 정도로 피눈물 나는 수행을 멈추지 않았다. 그래서 붙은 별명이 절구통 수좌였다. 삼매에 든다면 무엇이든 이루지 못할 것이 없다. 물을 끓일 때 약한 불은 온종일 끓여도 데워지기만 할 뿐이지만 펄펄 끓이려면 화력을 높여야 한다. 마치 돋보기로 햇빛을 모아 종이를 태울 때 초점만 잘 맞추면 금방 불이 붙지만, 초점을 맞추지 않으면 하루 종일 비춰도 불이 붙지 않는 것과 같다.

수행에 영혼을 팔지 못한 나는 어느새 머리카락이 희끗희끗해졌다. 공부 한답시고 애를 쓴 적은 있지만, 아무리 생각해도 영혼을 팔 정도까지는 아니었던 것 같다. 그렇다고 삶에 지쳐 고단한 사람들에게, 따뜻하게 손을 내밀어 회향을 한 것도 별로 없다. 마음은 늘 앞서 가지만 막상 그 일 앞에 서면 이런저런 핑계를 대며 현실과 타협을 하곤 했다. 제대로 밥값도 못하고 있는 것이다.

새해 부처님 전에 세배를 드리면서 더 열심히 살겠노라고 다짐을 한 지가 엊그제 같은데 벌써 입추가 지났다. 언제까지 불을 때는 둥 마는 둥 미지근하게 살 수는 없다. 물도 장작이 영혼을 바쳐야 끓는다. 다시 한 번 정진의 가마에 장작을 더 집어넣어야겠다.

콩나물이 자라듯이

일전에 절에서 콩나물을 키운 적이 있다. 절에서 많이 먹는 반찬이 콩 요리인데 그중 하나가 콩나물이다. 시장도 먼데다가 방에서 가꿀 수 있는 나물이니 한 번 키워보자고 해서 시작했었다. 유년시절 방 한구석에 있는 콩나물시루에 부지런히 물을 주던 추억이 떠올랐다. 콩나물을 키워 본 경험이 있는 사람들은 안다. 콩나물의 물 주기가 얼마나 허무한가를…. 시루나 바구니에 앉히기 마련인 콩나물은 물을 주기가 무섭게 모두 바로 빠져버린다. 이렇게 물이 빨리 빠져서야 어떻게 콩나물이 자랄까 할 정도로 말이다. 그러나 그럼에도 콩나물은 쑥쑥 잘도 자랐다.

조선시대 벽송스님이 계셨다. 스승을 찾아다니다 지리산에서 수행 중이셨던 당대 고승 정심 선사를 만나 지극정성으로 모셨다. 그런데 삼 년이 지나도록 제대로 가르침을 주지 않자 스승의 공부를 의심하는 지경에 이르렀다. 스님은 도저히 참을 수 없어 하산을 결심했다. 선사가 나무를 해서 돌아오자 공양주 보살이 다급하게 말했다.

"벽송스님이 떠났습니다."

"왜 떠났는가?"

"도를 가르쳐 주지 않아 화가 나서 떠났습니다."

그러자 선사는 안타까운 듯이 "무식한 놈, 내가 가르쳐 주지 않았나? 제 놈이 그 도리를 몰랐지. 자고 나서 인사할 때도 가르쳐 주었고 산에 가서 나무할 때도 가르쳐 주었지." 하셨다. 공양주 보살이 물었다.

"그런 것이 도입니까?"

"도가 따로 있나? 따로 있다면 도가 아니고 번뇌지."

선사가 토굴 밖으로 뛰어나가 멀어지는 벽송스님을 소리쳐 불렀다. 스님이 걸음을 멈추고 돌아보자 선사가 빈손으로 허공에 무엇을 던지는 시늉을 하며 또 한 번 크게 소리쳤다.

"내 법 받아라!" 순간 스님은 크게 깨달았다.

수행은 습관이다. 오랫동안 반복되는 말과 행동이 몸에 배어 저절로 드러나는 것이다. 마치 깨달음의 등불을 켜기 위해 빛을 모으는 과정과 같다. 인생도 마찬가지다. 잠깐 스쳐가는 물에 젖기만 하는 콩나물도 오랜 시간 반복되면 자라듯이, 평소 하는 말과 행동이 습관이 되면 결국 운명이 바뀐다.

part 3
띄워야 산다

지나친 배려

멀리서 오신다는 도반 스님과 터미널 근처 다방에서 만나기로 약속을 했다. 아직 촌스러운 티가 나는 계단을 올라가는데 이미 자 노래가 들려왔다.

"옛날~에 이 길은 꽃가마 타고 말탄님 따라서 시집가던 길♬…"

가끔 듣던 노래라 귀가 번쩍 뜨였다. 모친이 즐겨 부르셨는데 갑자기 시골에 혼자 계시는 어머니 생각이 났다. '음, 오랜만에 옛날 생각하면서 노래나 좀 들어볼까?' 설레는 마음으로 문을 열고 들어가 자리에 앉았다. 손님은 없고 나이가 지긋한 보살님 혼자 계셨다.

"어머, 스님은 어디서 오셨어요? 저도 절에 다녀요."

물을 갖다 주며 보살님이 말씀하셨다.

"아 네, 그냥 지나가다 들렀습니다."

"그러세요? 스님, 이 노래가 좀 그렇지요? 제가 바꿔드리겠습니다."

말릴 새도 없었다. 잠시 후 유명한 스님이 독경하는 금강경 염불이 흘러나왔다. '이런, 그냥 두셔도 되는데….'

한 곤충학자가 애벌레가 나비 되는 과정을 오랫동안 관찰했다. 나비는 작은 고치구멍을 뚫고 나오기 위해 몸부림을 치고 있었다. 긴 시간 애를 쓰고 있는 나비가 안쓰러워 가위로 고치의 구멍을 넓게 잘라 주었다. 하지만 고치에서 나온 나비는 날개를 질질 끌며 바닥을 왔다 갔다 하더니 결국 죽어버렸다. 작은 고치 구멍을 빠져나오려 애쓰면서 날개의 힘을 키워야 하는데 학자의 지나친 배려가 나비를 죽음으로 몬 것이다.

배려란 참 아름답고 편한 것이다. 그러나 원치 않는 지나친 배려는 오히려 상대방을 지치게 하고 삶을 더 팍팍하게 만든다. 나는 배려라고 생각했는데 상대방은 불편하고 상처가 될 수도 있다. 적절한 배려는 그 사람을 위로하고 격려하며 살아가는 데 큰 힘이 되지만 지나칠 때에는 자발적으로 성장할 수 있는 능력을 해칠 수 있다. 배려라고 포장된 일방적인 불통일 수도 있는 것이다. 때로는 알아도 모르는 척 슬쩍 넘어가 주는 것도 괜찮다. 배려도 지혜로워야 한다. 다음에 그 다방에 다시 가게 되면 이렇게 말해야겠다.

"보살님, 저번에 들었던 이미자 노래 좋던데 한 번 틀어 주실래요?"

기도비도 외상이 되나요?

　근처에서 티베트 수행을 하며 공동체 생활을 하고 있는 보살님께서 오셨다. 차 한 잔을 하며 당신의 지나온 삶을 털어 놓으셨다. 십여 년 전, 온몸에 암세포가 퍼져 삶을 포기하고 이곳저곳을 떠돌다가 마지막에 '오대산 적멸보궁에서 기도나 하고 죽자'라는 생각이 들어 상원사 가는 버스를 탔다. 버스 종점에서 내려 보궁으로 올라가다 스님 한 분을 만났다. 이야기를 나누다 보니 어느 산중 토굴에서 수행하고 계셨는데 적멸보궁에 기도하러 가신다고 했다. 토굴생활이 얼마나 힘드실까 싶어 보살님은 가지고 있던 총 재산 10만원을 스님께 보시했다.
　그런데 문제가 생겼다. 보궁에서 며칠 기도를 하려면 기도비, 즉 숙식비를 내야 했다. 접수대 앞에서 이 보살님은 난감해졌다. 조금 전에 기도비로 가지고 왔던 돈을 토굴 스님께 전부 보시해서 남은 돈이 한 푼도 없었기 때문이다. 조심스럽게 접수하는 분께 사정을 했다.

"저, 혹시 기도비도 외상이 되나요?"

"뭐라구요? 내가 여기 있으면서 기도비 외상해 달라는 사람은 처음 봤네요."

그러나 사정을 들은 접수 보살님이 스님께 말씀드려 '외상기도'를 할 수가 있었다. 삶의 막다른 길에서 전 재산을 보시한 보살님. 그 간절함 때문이었는지 그때 만난 분의 소개로 수행의 길에 들어서 지금까지 살아 있으니 불보살님의 가피가 아니었겠냐며 웃으셨다.

전에 급히 어딜 가느라 지갑을 두고 나갔는데 자동차 연료가 떨어진 적이 있었다. 주유소에서 기름을 넣고 보니 아차, 돈이 하나도 없었다. 난감했다.

"저기 아저씨, 제가 지갑을 두고 왔는데 외상이 안 될까요?"

"그래요? 스님이 떼먹진 않으시겠죠? 다음에 오면 주세요."

그 주유소는 이제 단골이 되었다. 외상 거래는 상대방을 믿는 것이다. 때론 손해 볼 수도 있다. 그러나 곤란한 사람에게 내가 먼저 따뜻한 손을 내미는 것이다. 외상은 갚아야 한다. 공짜와 다르다. 인생이란 살아가면서 내가 받은 도움을 하나씩 갚아 나가는 과정이다. 나는 지금 부처님께 진 외상을 열심히 갚고 있는 중이다.

우연한 행운

　가을이 한창 익어 가는 날 아침, 지인의 초대를 받고 태백 쪽으로 길을 나섰다. 약속시간보다 시간을 넉넉하게 잡고 출발했다. 오랜만에 일 없이 맘 편하게 단풍구경이나 하면서 설렁설렁 갈 요량이었다. 초행길이라 내비게이션을 찍을까 하다가 대충 아는 곳이라 그냥 가보기로 했다.
　여기서 태백으로 가자면 보통 도계를 거쳐 가는데, 일부러 댓재를 거쳐 하장으로 가는 꾸불꾸불한 길을 택했다. 이 길은 좀 험하고 위험하긴 하지만, 백두대간 준령들의 장엄한 실루엣과 멋진 단풍구경을 하기엔 이만한 곳도 없다. 경치에 취해 한참 가다 보니 낯선 길이 나왔다. 아차! 아까 갈림길에서 좌회전을 하지 않고 그냥 지나쳐 버린 것이었다.
　다시 돌아갈까 하다가 좀 둘러가는 셈치고 가던 길을 계속

갔다. 어쨌든 서쪽 방향으로만 가면 된다 생각했다. 약간의 긴장과 낯선 풍경들의 설렘이 교차됐다. 그러다가 한 고개를 넘어서자 온 산이 하얀 자작나무 숲이 나타났다. 자작나무, 나무 중에서 내가 가장 좋아하는 나무이다. 가을날 온 산을 물들인 단풍 가운데서 단연 돋보이는 귀족 같은 나무가 자작나무이다. 마치 고귀한 수행자의 표상 같기도 하다. 너무나 뜻밖의 경치에 잠시 차를 세워 놓고 근처까지 산책을 갔다. 정말 오랜만에 보는 황홀한 풍경이었다.

우리는 늘 편안하고 익숙한 것을 좋아한다. 하지만 어쩌다 실수로 들어선 낯선 길에서 찬란한 풍경을 볼 수도 있는 것처럼, 지금 내가 끌어안고 있는 풀리지 않는 문제가 오히려 엉뚱한 곳에서 풀릴 수도 있다. 그러나 '우연한 행운'은 그냥 찾아오는 것이 아니다. 그 상황에 도달하기까지 수많은 실패와 좌절을 해본 사람이라야 맞이할 수 있다. 인류 문명을 뒤바꾼 발명이나 발견들도 우연히 이루어진 것들이 얼마나 많은가? 인생길을 가다가 이 길을 잘못 들어섰나 하고 후회할 필요는 없다. 다만 마주친 상황에 대한 나의 마음가짐이 중요하다. 실수를 '경험'으로 받아들이는 순간 우연은 나에게 다가와 '행운'이 된다.

단감나무 옆 떫은 감나무

가을이 점점 깊어간다. 앞마당 은행나무 아래는 온통 금빛 카펫을 펼쳐 놓은 듯 황금빛 잎들이 깔려 있다. 뜨락 목련나무 옆에 단감나무가 한 그루 있다. 올해는 유난히 많이 열려 점심 공양 후에 산책하며 잘 익은 것으로 하나씩 따먹는 재미가 쏠쏠하다. 단맛이 입 안 가득 고이는 것이 제대로 맛이 들었다. 그런데 이 단감도 전에는 이렇게 달지 않았다. 이 감나무 바로 옆에 떫은 감나무가 한 그루 있었다. 그때는 익은 단감도 떫은 감이나 진배없을 정도로 떫었다. 맛이 없으니 아예 따먹지도 않고 곶감도 못 만드는 천덕꾸러기가 됐다.

어느 날 지인과 정원을 산책하다가 단감나무 앞에 섰다. 하나를 따먹더니 "아이 맛없어, 퉤퉤" 하며 뱉었다. 내가 이 단감나무는 맛이 없다고 하자 옆에 있는 나무를 가리키며 저 감나무는

뭐냐고 물었다. 떫은 감나무라고 했다. 그분이 손바닥을 탁 치며 얘기했다.

"원인을 알았습니다. 이 단감이 떫은 것은 옆에 있는 저 떫은 감나무 때문입니다. 감꽃 피었을 때 벌들이 붙어 있는 두 감나무를 오가서 그런 겁니다."

그 말씀을 듣고 떫은 감나무를 옮기고 나니 단감나무는 본래 맛을 회복했다.

불교 논서 가운데 『성유식론』이라고 있다. 거기에 중동분(衆同分)이라는 말이 나온다. '같이 어울리는 것들이나 무리'라는 뜻이다. 단감나무도 옆에 떫은 감나무가 있으면 떫은맛으로 변하는데 사람은 오죽하겠는가? 가족이 어떤 마음으로 서로를 이해하고 사랑하면서 살아가는지, 도반이 누구이고 스승은 누구인지에 따라서 그 사람의 삶이 달라지는 것이다. 가까이 있으면 그렇게 물이 들게 마련이다. 운동 좋아하는 사람들은 그들끼리 모이고, 수행을 즐겨하는 사람들은 그들끼리 모인다. 그것이 편하기 때문이다. 늘 긍정적이면서 행복한 마음으로 살아가는 사람과 어울리면 나도 자연스럽게 행복해진다. 인생을 아름답고 즐겁게 살고 싶은가? 비결은 영혼이 맑고 순수한 사람들과 끼리끼리 잘 어울리면 된다.

기승전, 감사

바야흐로 행복이란 말이 넘쳐나는 시대이다. 너도 나도 행복에 대해 이야기하고 유엔에서까지 '국제행복의 날'을 제정하기에 이르렀다. 나까지 칼럼방 이름을 '지금 행복하기'라고 지을 정도니 가히 행복 신드롬이라 해도 과언이 아니다. 이 정도면 행복한 사람이 넘쳐나야 하는데 역설적으로 세상이 더 험악해지는 것은 왜일까?

아무리 행복에 대한 공부를 많이 해도 머리로 이해한 행복론은 현실에서 늘 박살이 난다. 내 것이 아닌 남의 이야기이기 때문이다. 마치 밑 빠진 욕망이라는 독에 행복이라는 물을 아무리 부어도 채워지지 않는 것과 같다. 이젠 행복이란 이야기를 들어도 시큰둥할 정도가 되었다. 먹고 살기에 급급했던 우리가 언제부터 이렇게 행복에 대해 관심들이 높았던가?

'한계효용체감의 법칙'이란 경제용어가 있다. 배가 고파 죽을 것 같을 때는 보리빵 하나가 꿀맛이었는데, 자꾸 먹다 보니 나중에는 보리빵 냄새도 맡기 싫어지는 이치이다. 신혼시절 단칸방에서 살림을 시작한 가난한 부부는 시내 고층아파트는 꿈도 꾸지 못할 캐슬(城城)로 보였을 것이다. 그러다가 그 멋진 아파트를 장만한다면 실로 세상을 다 얻은 기분일 거다. 그러나 우리는 어떤가? 곧 다음 비교대상을 찾는다.

'기승전결'이란 어떤 일의 진행 과정을 논리적으로 정리하는 것이다. 만약 어떤 논문을 쓰고 있다면 내가 생각하고 있는 결론을 도출해 내기 위해서 '기승전'이 필요하다. 삶에서도 이 공식의 적용이 필요하다. 내가 먼저 행복이라는 '결(結)'을 정해둔다면 그곳으로 가는 과정은 자연히 정리가 되기 마련이다. '기승전, 행복'인 것이다.

그러나 더 중요한 것이 있다. 행복은 그냥 주어지는 것이 아니다. 지금 내가 가지고 있고 할 수 있는 그 모든 것에 대한 감사한 마음이 있어야 가능하다. 그렇지 않으면 아무리 원하는 것을 이루었어도 더 좋아 보이는 것을 충족하기 위한 욕망과 갈증이 생기는 것이다. '기승전, 행복'은 '기승전, 감사'가 전제가 되어야만 가능하다.

다시 12월에

얼마 전 정기검진 하느라 병원에 갔었다. 병원이 늘 그러하듯이 이 육신을 받은 이상 겪어내야만 하는 아픈 중생들의 고통과 한이 서려 있는 곳이다. 어쩌다 나도 병고가 끊이지 않는 몸이 되다 보니 병원 드나드는 것이 예삿일처럼 되었다. 병원에 와 보면 안다. 두 발로 멀쩡히 걸어 다닐 수 있다는 것만으로도 얼마나 감사한 일인지….

힘든 검사를 마치고 엘리베이터를 탔다. 문득 인생의 고난이 화두가 되어 나가는 층수 누르는 것도 잊은 채 멍하니 서 있었다. 문이 막 닫히려는데 환자를 누인 침대가 들어왔다. 흔히 있는 일이라 한쪽 옆으로 비켜섰다. 무심코 눈길이 침대로 간 순간 온몸이 서늘했다. 그랬다. 아마도 오랜 시간 투병을 했음직한 마른 체구 위에 하얀 시트가 씌워진 '주검'이었다. 한 엘리베이터

안에 살아보겠다고 발버둥치는 나와, 금생의 고단한 몸을 다해 마친 주검이 같이 선 것이었다.

　출가 후 나는 가끔 초발심의 간절했던 첫 마음이 퇴색되어 갈 때면 병원 응급실이나 장례식장을 찾아갔다. 삶과 죽음의 그 현장에서 '왜 사는가?'라는 화두가 온몸으로 꽉 차 오를 때까지 행선(行禪)을 하곤 했다. 한때는 이 육신 뭐 그리 대단하냐며 초월한 듯 산 적도 있었다. 그러던 내 앞에 마치 "그래, 이럴 땐 어떤 경계냐?" 하며 꾸짖듯 이분이 나타난 것이다. 엘리베이터에서 내려 장례식장 쪽으로 가는 그분 모습을 한참동안 바라보았다. 나의 이 힘든 치료의 노력도 결국 언젠가는 저렇게 삶을 마쳐야만 한다는 걸 극명하게 보여준 짧은 순간이었다.

　새해 부처님께 기도를 올리면서 이러저런 다짐을 했었는데 벌써 한 해가 다 간다. 올해 마지막 날에 "12월 32일이 있었으면…." 이생의 마지막 날에 "한번쯤 다시 살아볼 수 있다면…" 하고 후회해 봤자 소용없다. 오늘 아침 투덜대며 나선 출근길이 선물로 주어진 32일 수도 있고, 다시 삶을 시작하는 기적의 첫날일 수도 있다. 삶의 끝자락에서 '했더라면' 하고 후회할 것이 아니라 지금 이 순간 처절하게 12월 32일을 살아볼 일이다.

바람개비를 돌리는 방법

　가까운 곳에서 티벳 수행을 하고 있는 공동체가 있다. 그곳에서 수행을 지도하는 라마스님께서 지난번 오실 때 바람개비를 하나 선물로 주셨다. 어려서 출가한 스님은 가끔 장난 칠 때 보면 영락없는 개구장이시다. 아마 재래시장에 갔다가 바람개비 파는 것을 보고 동자승 시절이 생각나 사신 것 같았다. 그때는 이런 걸 왜 사오셨나 하며 몇 번 장난하다 마루에 걸어 두었는데, 당신의 수행여정이 바람개비를 돌리듯 살아오신 것을 나중에야 알았다. 오후에 바람이 좋길래 문득 바람개비가 생각나 밖으로 가지고 나갔다. 마당 끝에 서서 바람 불어오는 곳으로 바람개비를 향하니 신나게 돌아갔다. 한참을 유년시절 생각하며 재밌게 노는데 바람이 멈췄다. 바람개비도 같이 멈췄다.

　바람이 잘 불 때는 가만히 서 있어도 바람개비는 잘 돌아간다. 그런데 문제는 바람이 불지 않을 때다. 이때는 내가 바람이 되어야 하는 것이다. 카네기는 "바람이 불지 않을 때 바람개비를 돌리는 방법은 앞으로 달려 나가는 것이다."라고 말했다. 삼척에서 월정사를 가다 보면 대관령 산마루에 수많은 바람개비들이 돌아가면서 전기를 생산하고 있다. 아이들의 장난감인 바람개비든 전기를 만드는 발전기든 바람을 마주봐야 한다는 사실은 같다. 세차게 불어오는 바람이 두려워 등을 돌린다면 바람개비는 돌릴 수가 없다.

  사람들은 살아가면서 뒤에서 등을 떠밀어주는 순풍만 있기를 기대한다. 그러나 살다 보면 무슨 일이 없겠는가? 마주 오는 바람을 맞으며 인생의 고난을 겪어본 사람의 눈은 깊고 고요하다. 웬만큼 힘든 일에는 눈도 꿈쩍하지 않는 내공이 쌓였기 때문이다. 새해다. 그대라는 향기가 희미해져 가는가? 마주 오는 바람을 두려워 말라. 바람이 거셀수록 나의 바람개비는 더욱 힘차게 돌아간다. 그 순간을 놓치면 안 된다. 바로 더욱 진한 향기를 머금는 시간이 되기 때문이다. 불어오지 않는 바람을 하염없이 기다리지 말라. 다만 마음이 가리키는 방향을 믿고 바람개비가 되어 앞으로 달려보라. 그리하면 그대 영혼의 뜨락에는 맑고 아름다운 꽃들이 만발할 것이다.

남에게 기쁨을 주었는가?

우리 절에는 법당보살님이 계신다. 큰 절이 아니어서 굳이 법당보살이 없어도 되지만 매일 기도를 오시길래 알맞은 소임을 드린 것이다. 일방적인 부탁에 조금 부담스러워 하시더니 흔쾌히 일을 맡으셨다. 이 분은 늘 웃는 모습이다. 법당 청소를 할 때는 스마트폰으로 염불을 틀어놓고 흥얼거리면서 즐겁게 일을 하신다. 그리고 부처님께 정성스럽게 청수를 올리고 향을 사른다. 내가 기도를 들어갈 즈음이면 조용히 좌복에 앉아 명상에 잠겨 있다. 기도를 같이 할 땐 아름다운 목소리로 음성공양을 올리며 열심히 염주를 돌리신다. 공양시간에는 '무슨 저런 일에 그리 재밌을까?' 할 정도로 사소한 일에도 손뼉을 치며 깔깔대며 웃으신다. 가끔 엉뚱한 말이나 행동으로 대중들의 배꼽을 잡게 하는 일은 덤이다. 주지, 공양주, 도감 이렇게 달랑 세 식구가 사는 고요한 절에 법당보살님의 해맑은 웃음소리는 도량의 기운을 상승시키는 비타민이다.

양양 남대천 끝자락 법수치리에 이명봉 거사님이 계신다. 평생 불법을 의지해 살면서 스님들 말씀이라면 죽는 시늉까지 하는 진실한 불자시다. 칠십 중반을 넘긴 나이에도 웬만한 젊은이 못지않은 건강으로 활력이 넘치신다. 가끔 차 한잔 하러 가면 올 때까지 배꼽을 잡고 웃는다. 이분의 삶은 천진하리만큼 단순하다. 그렇기 때문에 일상에서 일어나는 에피소드는 헤아릴 수 없다. 스님들께서 불자들과 성지순례를 가실 때는 이분을 서로 모셔 가려고 한다. 동참만 해주시면 여행 내내 마냥 즐겁기 때문이다.

고대 이집트인들은 죽어서 저승사자 앞에 섰을 때 '인생의 즐거움을 찾았는가?' 그리고 '남에게 기쁨을 주었는가?'라는 두 가지 질문을 받고, 그 대답에 따라 천국과 지옥이 결정된다고 믿었다. 남에게 기쁨을 준다는 것은 먼저 내가 즐겁고 행복해야 그렇게 할 수 있다. 내가 지금 힘들고 아픈데 남에게 기쁨을 줄 수는 없다. 꽃을 선물한 손에는 향기가 남아 있기 마련이다. 오늘 당장, 지금 내 곁에 있는 사람에게 기쁨을 선물하자. 그리하면 내 인생도 기쁨의 꽃으로 피어날 것이다.

공양주 예찬

'〈구인〉 공양주부처님을 모십니다. 우리 절에는 경전을 공부하는 학인 스님들과 선방에서 정진하는 스님들이 많이 계십니다. 그런데 공양주 보살님이 안 계셔서 봉사조가 돌아가면서 공양을 짓긴 하는데 너무 힘이 듭니다. 부디 우리 절에 오셔서 수행과 공덕을 함께 지으실 분의 동참을 기다립니다. 원주 스님 합장'

몇 년 전 충청도 모 사찰에서 불교포털사이트에 낸 구인광고 내용이다. 그 무렵 우리 절에도 공양주가 없어 구인광고를 내다가 우연히 이 광고를 본 것이다. 우리 절도 딱하긴 했지만 공양주를 모시려는 원주 스님의 간절함이 내 마음을 울렸다. 혹시 주변에 좋은 분이 있으면 이곳에 먼저 보내드리고 싶을 정도였다.

비구 스님들이 혼자 살면서 제때 공양 챙겨먹기란 여간 힘든 일이 아니다. 가끔 스님들 모임에서 공양간의 고충을 듣고 있으면 내심 미안하면서도 한편으론 괜히 뿌듯해지며, 이제 '밥신'의 경지에 오른 우리 천은사 공양주 윤주 보살님께 더욱 고마운 마음이 든다. 머리만 안 깎았지 수행자나 다름없이 살아가는 모습에 어떨 땐 내가 더 부끄러워질 때가 한두 번이 아니다.

봉암사 선방에 살 때다. 그땐 스님들이 공양주를 살았는데 나도 공양주 지원을 했다가 대기 순번으로 밀려나 기다려야 할 정도로 신청자가 많았다. 한여름 땀을 비 오듯이 흘리며 가마솥에 장작불로 공양을 짓는 일은 여간 힘든 일이 아니다. 그럼에도 불구하고 그런 일을 먼저 하겠다는 것은 공덕을 짓고자 하는 마음에서다.

부처님을 양족존(兩足尊)이라 한다. '복과 지혜 두 가지를 두루 갖춘 분'이란 뜻이다. 복이란 하늘에서 그냥 뚝딱 떨어지는 것이 아니다. 복 밭에 씨앗을 뿌려 가꾸어야 열매를 얻는 것이다. 요즘 시대에 공덕이니, 수행이니, 봉사한다는 생각으로 공양주 사는 일은 드물다. 괜히 반찬 투정을 했다가는 다음날 아침 공양주가 사라질 수도 있다. 공양주를 부처님처럼 모시는 마음을 가져야 오랜 인연으로 공동체에서 살 수 있을 것이다.

이 시대 모든 수행처에서 공양주 소임을 보는 분들의 노고에 찬탄 드리며 부디 건강하고 행복하시기를 기원 드린다.

들깨죽과 인생

주지를 하다 보면 잠시 머물다 가는 부전 스님과 공양주 보살님들을 두루 모시며 살게 된다. 천은사에는 들깨사랑을 너무 많이 하신 보살님이 계셨다. 그해 가을 도량 입구 밭에 심었던 들깨를 수확했다. 천은사는 아침에 죽을 먹는다. 갓 수확한 들깨를 갈아 죽을 만드시는 데 고소한 냄새가 공양간을 진동했다. 평소 들깨죽을 좋아하던 나는 너무 맛있다며 과식을 하곤 했다. 그러기를 며칠, 아침마다 계속 나오는 들깨죽이 점점 느끼해지기 시작했다. 기름기가 많은 음식이다 보니 이젠 냄새도 질릴 정도가 되었다. 다른 대중들의 눈치도 비슷했다. 뭔가 조치를 취해야 했다.

어느 날 공양주 보살님께 큰 마음먹고 감히(?) 한 말씀 드렸다.

"보살님, 들깨죽이 참 맛있는데 한동안 먹었으니 이제 다른 죽도 좀 먹었으면 좋겠습니다."

"다른 죽을 끓이라고요? 스님, 그런 말씀 마세요. 들깨가 오메가쓰리가 많아 얼마나 몸에 좋은데요. 다 대중들 건강 생각해서 제가 힘들게 쑤었으니 그냥 드세요."

내 말이 떨어져 흙이라도 묻을세라 얼른 받아서 돌려주셨다.

"아, 그래도 누룽지라도 좀 삶아 먹읍시다."

내가 기어들어가는 소리로 말했지만 워낙 주장이 강하고 유식한 보살님은 뜻을 굽히지 않았다. 나중에는 들깨 '들'자만 들어도 웩! 하고 토가 나오려 했다. 그렇게 한겨울을 아침마다 들깨죽을 먹으며 인욕수행을 했다. 하기야 어쩌면 내 몸이 이렇게라도 버티는 것은 그때 먹은 들깨죽의 힘인지도 모를 일이다.

비구 스님들끼리 하는 말이 있다. 어떤 맛있는 음식이 나오더라도 티 내지 말고 조용히 먹어야지 칭찬 한번 했다가는 일주일 내내 그 반찬만 먹을 수도 있다는 것이다. 아무리 맛있는 음식도 하루 이틀이다. 진수성찬도 며칠 동안 계속 먹어보라. 당장 김치찌개가 그리워진다. 만약 우리네 삶이 아무런 장애 없이 달콤한 인생만 계속된다면 과연 행복할까? 오래 가지 않아 무기력해져서 몸도 마음도 병이 들 것이다. 인생에 쓴 맛은 필수다. 그래야 단맛이 귀한 줄을 안다.

산신할배와 막걸리

공양간 앞 주차장이 시끌시끌하다. 마을 주민들이 삼짇날을 맞아 절 뒷산 쉰움산 산신님께 '산멕이' 의식을 하러 가는 중이었다.

쉰움산은 한자로 오십정산(五十井山)인데 산봉우리 넓은 바위에 크고 작은 움이 50여 개 패여 우물처럼 생겨 붙여진 이름이다. 두타산의 신령한 기운이 모여진 곳에다 모양까지 기이하니 예로부터 치성 드리는 사람들이 줄을 이었다. 동네 어르신은 쉰움산 산신령님이 한국 삼대 산신님 중에 한 분이라며 자랑을 늘어놓으셨다. 근자에 영동지방 산불이 자주 발생하면서 산 기도를 못하게 한 후 그분들의 기도처는 자연스레 천은사 산신각으로 옮겨졌다.

그런데 작은 문제가 생겼다. 산신님께 막걸리나 소주 공양을 올리는 것이다. 친절하게도 안주 옵션은 오징어나 박하사탕이다. 자주 공양물을 치워야 할 때는 공양간에 막걸리나 소주가 쌓일 정도다. 이런 사정을 모르는 어떤 이가 공양간에 있는 이 술들을 보면 스님들이 술을 좋아하나 하고 깜짝 놀랄 것이다. 참으로 난감한 일이다. 산신님께 몰래 올리는 것을 말릴 수도 없고, 우리 산신님은 막걸리보다 내가 즐겨 마시는 보이차를 좋아하신다고 넌지시 써 붙여 놓을 수도 없는 노릇이다. 산신탱화에는 대부분 호랑이가 산신할배를 지키고 있고, 그 옆에서 동자가 화로에 차를 달이고 있는데 언제부터 막걸리를 좋아한다는 가짜뉴스가 돌아 이 지경까지 되었는지 모르겠다. 아마 차는 예부터 서민들이 구하기 힘드니까 나름 생각해서 대신 곡차인 막걸리를 올리지 않았나 싶기도 하다.

이곳 영동 지방은 유난히 산신신앙이 강하다. 신라 범일국사를 '대관령국사성황'으로 만들어 강릉 단오제에 주신으로 모실 정도이다. 불교가 전래되면서 토속신앙인 산신을 받아들여 도량 한쪽에 따로 모신 것은 민초들의 서리서리 맺힌 한들을 풀어주기 위함이다. 바닷가 절에서는 가끔 용왕님 전에 생선을 올리는 어부도 있다고 한다. 막걸리든 생선이든 공양을 올리는 지극한 마음은 아름답다. 그런데 이제 제발 산신탱화 좀 자세히 보고 산신님이 좋아하시는 차를 올렸으면 좋겠다. 같이 올리는 다식이 맛난 과자이면 더 좋고.

삼구 이십칠 다음은?

산벚꽃이 피어나며 도량을 화장세계로 장엄할 즈음 연례적으로 하는 일이 하나 있다. 바로 겨우내 사용했던 해우소 정화조를 청소하는 일이다. 업체 사장님께서 현장을 둘러보시더니 이번에는 양이 많아 분뇨차 3대 정도는 해야 될 것 같다며 일을 시작하셨다. 점심공양 시간이 되어 간식을 드리러 갔더니, "스님, 3대면 될 줄 알았는데 한 번 더 해야겠는데요. 어찌할까요?" 하셨다. "네? 그럼 그렇게 하셔야죠." 입은 "네."라고 이야기하고 있었지만 머리로는 '아니, 평소 2대만 하다가 1대 추가된 것도 마음이 쓰였는데 또 1대를 더 해야 된다고? 아이고 관셈보살! 가뜩이나 코로나19로 몇 달째 법회도 못보고 있는데 돈이 배로 들어가게 생겼네'라는 생각이 가득했다.

공양간에 돌아왔지만 추가된 비용 때문에 자꾸 마음이 불편했다. '가만있자. 1대 9만원이니까 2대면 18만원, 1대 더 추가하면 3×9는 27만원이지. 그런데 또 1대 더 추가하면…?' 갑자기 머리가 하얘지며 아무 생각이 나질 않았다. 나름 똑똑하신 법당 보살님께 물었다.

"향운심 보살님, 삼구 이십칠 다음은 뭐죠?"

"네? 음, 삼구 이십칠 다음은 사일은 사죠."

난 깜짝 놀랐다. 무슨 이런 황당한 대답을 하는가 싶었다.

"아니 보살님, 저를 놀리시는 건가요? 삼구 이십칠 다음이 어떻게 사일은 산가요?"

같이 공양하던 대중들이 모두 나를 쳐다봤다. 다들 "그럼 뭔가요?" 하는 눈빛이셨다.

순간, 머리가 띵해졌다. 나는 온전히 비용이 추가된 것에만 몰입되어 앞뒤 자르고 내 생각만 질문을 한 것이었다. 자초지종을 말씀드리니 "스님의 질문은 삼구 이십칠 다음이 사구 삼십육이었네요." 하며 다들 박장대소를 하셨다. 나도 구구단은 외울 줄 안다. 다만 나이가 6학년(?)에 접어들고 보니 깜박 했을 뿐이다. 나라고 이 글을 쓰면 창피 당할 줄 왜 모르겠는가. 그럼에도 불구하고 자비심을 베푸는 것은, 어떤 문제가 생겼을 때 자기생각에만 갇혀 고집하는 사람들이 다른 생각을 가진 사람들의 마음도 헤아려, '그럴 수도 있겠구나'라는 마음의 여유를 가져준다면 그까짓 창피쯤이야 아무것도 아니다.

윤달과 보궐진언

해마다 부처님오신날 즈음에 때맞춰 피는 꽃이 있다. 바로 불두화(佛頭花)다. 꽃 모양이 부처님 머리를 닮았다고 해서 붙여진 이름이다. 그런데 올해는 본 초파일 땐 필 생각도 안하더니 윤사월 초파일 무렵 활짝 피었다. 그렇지. 부처님 탄신을 축하해야 하는 불두화가 아직 피지도 않았는데 어떻게 봉축행사를 치른 단 말인가? 역시 불두화가 이름값을 제대로 하는 신통한 꽃인 것은 분명하다.

살다가 윤사월 초파일에 봉축행사를 하기는 처음이다. 코로나19 전염병으로 어쩔 수 없이 연기하긴 했지만, 윤사월 초파일도 사월초파일이긴 하니까 그나마 다행이다. 하마터면 오월 초파일이 될 뻔 했으니 말이다. 누가 알겠는가, 혹시 부처님께서 윤사월 초파일에 태어나셨는지…

불교의식에는 진언들이 많이 있다. 그 가운데 모든 의식을 마칠 무렵 하는 진언이 있다. 바로 '보궐진언'이다. "옴 호로호로 사야모케 사바하." 정성껏 공양을 올렸지만 그래도 혹시 부족하거나 잘못된 부분이 있으면 저절로 채워지고 고쳐지게 해주십사 하는 진언이다. 실수한 부분이 있더라도 이 진언 한마디면 다 해결이 되니 맘 편히 가지라는 배려인 것이다.

우리네 사바세계는 실로 살아가기가 힘들다. 오죽하면 고해(苦海)라고 했겠는가. 아무리 기도에 매달려도 해결되지 않는 일들이 있기 마련이다. 열심히 살아도 뜻대로 되는 일이 없으면 혹시 묏자리가 잘못되었나 하고 조상 탓을 하게 되고, 소원성취진언을 외워도 원이 이루어지지 않으면 내가 무엇이 부족했나 하고 돌아보게 된다. 이때 마음의 위안을 줄 수 있는 출구가 윤달과 보궐진언이다.

윤달은 흔히 공달이라 한다. 무엇을 해도 탈이 없다하여 묘 이장도 하고 미뤄뒀던 궂은일들도 한다. 한마디로 중생들의 보너스 달인 셈이다. 연기한 부처님오신날도 윤초파일인데다가 마침 토요일이었다. 이에 많은 사람이 봉축법회에 참석할 수 있었으니 이 또한 부처님의 절묘한 중생사랑이 아니겠는가. 이제 윤달을 맞아 미뤄왔던 온갖 궂은일들을 보궐진언 하듯이, 부족했던 것은 채우고 힘겹게 지고 있던 마음의 짐을 내려놓았으면 하는 바람이다.

한소식? 해봤어야지

얼마 전 서울에 다녀왔다. 주로 기차를 타고 가긴 하지만 이번엔 승용차로 올라가며 단골 휴게소에 들렀다. 이곳은 휴게시설과 산책로를 잘 만들어 놓아 자주 이용하는 편이다. 마침 점심 때라 따뜻한 국수 한 그릇을 국물까지 싹 비우고 나니 세상 부러울 것이 없었다. 소화도 시킬 겸 휴게소 뒤쪽으로 난 산책길을 천천히 걸었다. 문득 나무에 매달아 놓은 글귀 하나가 눈에 띄었다. '사랑? 해봤어야지' 아마 사랑도 한번 못해본 시인이 푸념삼아 쓴 시 같았다. 그러게, 그 사랑이란 것이 하고 싶다고 되는 것이 아니긴 하지.

오후에 누각을 서성이며 그윽한 풍경소리에 젖어 있는데 거사 한 분이 말을 걸어왔다. 직감이 예사롭지 않았다. 가끔 스님들의 깜냥을 재미삼아 점검하러 여기저기 기웃거리는 분들이 있다. 어떤 스님은 곤욕을 치른 적도 있다고 들었다. 내가 먼저 한 말씀 드렸다.

"혹시 불교 교리에 관한 질문이면 인터넷에 검색해 볼 것을 권해드립니다. 거기에는 교수님들이나 큰스님들 강의가 수두룩합니다."

"그러죠, 뭐" 하며 공격을 슬쩍 비켜가더니 대뜸 "스님은 한소식 하셨습니까? 그게 대체 뭡니까?"라며 되받아쳤다. 가슴이 뜨끔했다. 하마터면 산책하던 다리가 휘청하고 풀릴 뻔했다. 선방에서 좌복에 좀 앉아 본 사람들은 안다. 그 '한소식'이란 것이 수좌들을 얼마나 고통 속에 몸부림치게 하는지를….

그래도 출가 수행한 지 삼십년을 훌쩍 넘기고 선방에서 장판 때도 꽤 묻혔는데, 큰 소식은 못돼도 작은 소식 하나 정도는 일러줘야 되지 않나 하는 자존심이 꿈틀하고 일어났다. 마침 공양간에서 맛있는 냄새가 솔솔 풍겨 나왔다.

"하하, 한소식요? 제가 해봤어야죠. 그래도 지금 바람결에 전해오는 냄새를 맡아보니 오늘 저녁 메뉴가 국수인 것은 알겠습니다. 오신 김에 국수나 한 그릇 하고 가시지요."

"…?!"

누각 끝에서 푸른 허공을 헤엄치고 있던 잉어가 뎅그렁! 꼬리를 치며 킥킥 웃었다. 아, 꿈에도 그리는 그 한소식! 거사님의 돌직구에 한소식은커녕 반소식도 못한 게으른 수행자의 슬픈 푸념이여!

띄워야 산다

　오대산 월정사에 일이 있어 갔다가 삼척 천은사로 돌아오는 길이었다. 기분 좋게 음악을 들으며 고속도로를 달리고 있는데 갑자기 룸미러에 후방의 복잡한 움직임이 포착됐다. 1톤 트럭 한 대가 차로를 부지런히 바꿔가며 달려오고 있었다. 아니나 다를까. 내 차도 휙! 위험하게 추월을 하더니 앞에 가던 승용차 뒤에 바짝 붙었다. 나는 속으로 "그리 바쁘면 어제 가지." 하며 본능적으로 속도를 확! 줄였다. 우려했던 일은 순식간에 벌어졌다. 앞에서 무슨 일이 일어났는지 승용차가 급정거를 하자 트럭은 피할 새도 없이 앞차를 들이받았다. "끼익~!" 나는 힘껏 브레이크를 밟았다. 정말 아슬아슬하게 간발의 차이로 그 트럭을 비켜섰다. 온몸에 진땀이 났다. 앞만 보고 잘 가고 있던 승용차는 갑자기 뒤에서 날벼락을 맞았다. 운전자가 나오는 걸 보니 크게 다친 것 같진 않아 안도의 숨을 내쉬었다.

　우리나라 운전자들은 대부분 안전거리 확보에 관심이 없다. 뭐가 그리 좋은지 앞차 뒤꽁무니에 바짝 붙어 위험하게도 달린다. 앞차가 갑자기 선다면 피할 수가 없어 추돌하기 마련이다. 전에 고속도로를 운행하다 본 현수막이 있다.

　"띄워야 산다."

　사람들이 얼마나 안전거리 확보를 안 하면 이런 문구까지 등장했을까 싶다.

　천은사 '동안(動安)명상로'에는 아름드리 소나무들이 울창하다. 잠시 걷기만 해도 몸과 마음이 평안해지는 아름다운 길이다. 이 훌륭한 나무들도 대들보 감으로 자라기 위해선 햇빛과 바람이 잘 드나들 수 있는 적당한 거리가 필요하다. 우리네 삶에도 이 법칙은 존재한다. 부부나 자식은 물론이고 친구와 연인끼리도 안전거리는 반드시 필요하다. 안전거리란 곧 상대를 배려하고 인정하는 것이다. 내 고집만 피우지 않고 서로의 영역을 침범하지 않는 것이다. 안전거리가 확보되어 있지 않으면 언제 사고가 날지 모른다. 삶을 행복하게 하는 다채로운 인생이란 서로를 인정해 주는 거리두기에서 시작된다.

　요즘 코로나19로 '사회적 거리 두기' 운동이 한창이다. 적당한 거리를 두면 바이러스도 침투 못하는데 인생은 더 말할 필요도 없다. 띄워야 산다.

#part 4
정성이 비법이다

기도란 내가 한줄기 향이 되어 우주와 하나가 되는 것이다. 기도란 삶에다 질서를 부여하는 것이다. 기도란 자신의 안과 밖을 법당으로 삼는 것이다. 그리하면 우리네 삶 자체가 바로 기도인 것이다.

정성이 비법이다

멀리서 도반 현진스님이 오셔서 바람도 쐴 겸 강릉의 유명하다는 커피 집에 갔다. 강릉은 해마다 커피축제를 할 정도로 유명한 커피집들이 많다. 우스갯소리로 강릉 사람들은 모두 바리스타라고 할 정도다.

강릉이 커피고장으로 자리 잡게 된 데에는 계기가 있다. 이른바 대한민국 1세대 바리스타 '전설의 1서3박' 중 한 분으로 알려진 박이추 선생이 강릉에 오면서부터다. 가끔 커피 마시러 다니며 친분을 쌓았는데, 어느 날 텔레비전에서 세계적인 바리스타를 소개하는 프로그램에 선생이 나왔다. 아는 사람이 나와 반갑기도 했지만 그분의 드립솜씨를 볼 수 있는 기회다 싶어 앞으로 바짝 다가앉았다. 카메라가 선생의 모습을 줌인 하는데 물 주전자를 빙빙 돌리다가 탁자에 탁 내려놓는 모습이 멋있기도 하고 신기해 보였다. "맞아, 저기에 뭔가 비법이 있나보다." 하고 생각했다.

어느 날 카페에 가서 인사를 나누고 커피를 주문했다.

"저번에 선생님 나오는 다큐 잘 봤습니다. 아주 멋지던데요. 그런데 물 주전자를 계속 들었다 놓았다 하시던데 혹시 거기에 커피 맛의 비법이 있지 않나요?"

"네? 하하, 비법이라뇨. 주전자 오래 들고 있으면 팔이 아파서 그냥 그랬던 겁니다."

"네? 정말요?"

영화 '쿵푸팬더'를 보면 무법자를 무찌를 자신 없어하는 아들에게 평생 숨겨온 국수의 비법을 귀에 대고 속삭인다.

"사실 내 비밀국수의 비밀재료는 없단다. 뭔가 특별한 걸 만들려면 그냥 그것이 특별하다고 믿기만 하면 돼."

"네? 비법이 없었다고요?"

가끔 맛집을 소개하는 프로그램들이 있다. 그분들이 마지막에 이것만은 알려줄 수가 없다며 취재를 허락하지 않는 부분이 있다. 비법은 공개할 수가 없다는 것이다. 성공하기까지 얼마나 많은 실패와 좌절을 겪었겠는가. 그럼에도 불구하고 온갖 힘을 다 하려는 진실 되고 성실한 그 마음이 모여 결국 맛집이 된 것이다.

부처님께서 어느 날, 문득, 보리수 아래서 깨달음을 얻은 것이 아니다. 6년의 뼈를 깎는 고행이 있었기 때문이다. 비법은 없다. 오직 인과만 있을 뿐이다.

풀꽃의 항의

며칠 출타하고 돌아오니 마당의 풀이 제법 자라 있었다. 요즘은 장마철이라 도량 곳곳에 잡초들이 무성하다. 아무리 부지런히 풀을 뽑아도 돌아서면 어느새 다시 자라난다.

아침 공양 후 호미를 들었다. 먼저 앞마당부터 뽑기 시작해서 구석 쪽으로 나아갔다. 거긴 벌써 키가 훌쩍 자란 풀무더기에 꽃까지 피어 있었다. 무심코 손을 뻗어 풀을 뽑으려고 하다 순간 멈칫했다. 풀꽃이 바람결에 살짝 흔들렸다.

"아니, 너무하지 않아요? 뽑으려면 꽃이 피기 전에 진작 뽑았어야지. 내가 얼마나 가슴 졸이며 힘들게 꽃을 피웠는데 이제 와서 뽑는다니 말이 됩니까? 내게 미안하지도 않나요?"

풀꽃의 거센 항의가 들려왔다. 가슴이 뜨끔했다. 풀꽃의 말에 틀린 것이 하나도 없었다. 내가 호미를 들 때마다 언제 뽑혀

나갈지 모르는 운명에 얼마나 초조하게 하루하루를 살았겠는가. 그래도 운이 좋아 눈길이 잘 닿지 않는 마당가에 자리 잡아 천신만고 끝에 꽃을 피웠는데 씨앗도 맺기 전에 뽑아버리면 얼마나 억울하고 분하겠는가? 오직 인간들의 쓰임새를 벗어났다는 이유로 이름도 없이 잡초로 간주되어 운명이 뒤바뀐 것일 뿐 세상에 잡초가 어디 있단 말인가?

중생을 다른 말로 민초(民草)라고도 한다. '백성풀'이라는 뜻이다. 화단이라고 금을 그어놓은 곳에는 백합과 옥잠화 등 온갖 아름다운 꽃들이 있다. 그러나 그 화단에서도 풀꽃들은 모두 잡초가 되어 뽑혀 나간다. 부처의 눈으로 보면 만물이 모두 불성을 지니고 있어 부처 아닌 것이 없다. 백합도 풀꽃도 모두 같은 꽃이다. 다만 사람의 분별심이 편을 나누었을 뿐이다. 물론 마당에 있는 풀들을 꽃으로 보고 그냥 둘 수는 없다. 애초 자리를 잘못 잡았으니 어쩔 수 없다. 하지만 풀을 뽑는데도 예의가 있다. 이미 꽃을 피웠으면 좀 봐줘야 한다. 내가 게으른 탓도 있었으니 인과가 분명하다.

"미안하다. 잡초야, 아니 이름 모를 풀꽃아. 이렇게 힘들게 꽃을 피웠으니 이제 열매를 맺어보렴."

작은 돌멩이로 주변을 빙 둘러줬다. 풀꽃은 이제 화단으로 편입된 꽃밭 가족이 되었다.

소원보다 서원

작년에 신도님들과 중국 구화산에 성지순례를 갔었다. 백세궁에 모셔진 무하스님 등신불전 앞에는 큰 향로가 있었는데 스님께 향공양을 올리면 영험이 있다하여 사람들이 줄을 이었다. 다들 무슨 소원이 그리 많은지 어렵게 차지한 자리를 쉽게 내어주지 않았다. 영험도량에 왔으니 그동안 빌고 빌었던 모든 소원들을 한꺼번에 다 쏟아 내는 듯했다. 우리 신도님들도 겨우 빈자리를 찾아 향을 사르고 두 손을 모았다.

"보살님들, 소원보다 서원을 하세요."

누가 큰소리로 이야기했다. 깜짝 놀라 돌아보니 우리 가이드였다. 하마터면 등신불 되신 무하스님께서 단에서 내려와 법문을 하시는가 할 뻔했다. 그동안 이곳에서 얼마나 많은 사람들이 소원 비는 것을 봐 왔겠는가? 늘 행복하기를 바라는 마음들을 모아 빌고 또 비는 소원들로 우리 인생은 끝이 없다. 비는 것이 끝나면 비로소 몸을 바꿀 때가 된 것이다.

좀 됐다. 신도님들과 윤달 삼사순례를 마치고 돌아오는 길이었다. 몇 시간 버스를 타다 보니 허리도 아프고 지루하니까 노래가 시작되었다. 한참 흥이 오를쯤 마이크가 내게로 왔다. 나는 노래 듣는 것은 좋아해도 부르는 것은 젬병이다. 음치인데다 가사를 기억하는 것도 없기 때문이다. 몇 번을 사양하다 어쩔 수 없이 마이크를 잡았다.

"분위기 깨도 괜찮겠습니까? 네, 그럼 부르겠습니다. … 중생을 다~ 건지오리다. 번뇌를 다~ 끊으오리다…."

끝까지 아는 노래라곤 법회 끝에 부르는 '사홍서원'뿐이었다.

"에이~스님, 그게 무슨 노랩니까?"

"아니, 사홍서원이 어때서요?"

그날 이후 신도님들은 두 번 다시 노래를 시키지 않았고 나의 순례길은 좀 편해졌다.

그렇다. 소원이면 어떻고 서원이면 어떠랴. 새벽녘 장독대에 정한수 떠놓고 집 떠난 아들의 건강과 성불을 빌던 어머니의 소원은 숭고하다. 그리고 버스 안 노랫가락에서라도 중생을 다 건지겠다며 다짐하는 아들의 서원도 아름답다. 남을 위해 기도하는 그 간절함이 가득 차오르면 마침내 "해주세요."에서 "하겠습니다."로 바뀌게 된다. 소원이 지극하면 서원이 된다.

안경을 잃어버리다

　정말 힘들게 가을이 왔다. 전염병과 긴 장마, 그리고 잇따른 태풍까지 부대끼고 치이느라 사람들은 지칠 대로 지쳤다. 아침에 태풍 피해는 없었냐며 지인의 안부 전화가 왔다. 자기 집은 침수가 되어 가재도구를 거의 못쓰게 되었다고 했다. 전자제품이야 다시 사면 되지만 소중하게 아끼던 음반들이 다 떠내려가 마음이 너무 아프다고 했다. 음악을 너무도 사랑하신 그분의 평생 추억이 다 사라진 것이었다. 나도 가끔 음악 들으러 가곤 했었는데 마치 내 일인 것처럼 가슴이 아려왔다.
　내겐 오래전 선물 받은 안경이 하나 있었다. 몇 번 안경테가 부러졌으나 고쳐 쓸 정도로 아끼는 안경이었다. 요즘 눈이 좀 안 좋아 렌즈를 다시 맞췄다. 그런데 찾아가라는 연락이 없어 전화를 했더니 안경을 분실했다는 황당한 이야기를 했다. 이럴 수가!

그 안경이 어떤 안경인데…. 화가 나는 것을 겨우 참으며 소중한 안경이니 다시 한 번 잘 찾아보라고 했다. 며칠 뒤 도저히 찾을 수가 없다는 연락이 왔다. 허탈했다. 가슴이 아팠다. 아! 너를 이렇게 떠나보내는가? 아픈 마음자리를 살폈다. 나도 모르게 정들인 집착이 원인이었다. 안경은 다만 시절인연이 다해 내게서 떠났을 뿐이었다.

영화 〈캐스트 어웨이(Cast Away)〉를 보면, 주인공이 무인도에서 배구공 '윌슨'과 대화를 나누며 친구처럼 지낸다. 외로운 섬에서 마음을 나눌 수 있는 것은 오직 윌슨뿐이었다. 드디어 뗏목을 만들어 탈출에 성공한다. 그러나 표류 중 파도에 윌슨을 놓쳐 버렸다. 목숨을 걸고 헤엄쳐 갔지만 결국 구하지 못하고 뗏목으로 돌아와 통곡을 한다.

"윌슨 미안해, 정말 미안해!"

나는 이 장면에서 눈물을 쏟고야 말았다.

우리네 삶도 마찬가지다. 살다 보면 어쩔 수 없이 떠나보내야만 하는 순간이 있다. 사랑하는 사람이든 아끼던 물건이든 이별을 고해야 할 때가 있다. 그때가 오면 보내줘야 한다. 아프지만 보내줘야 한다. 만났으니 헤어지는 것은 세상이치다. 온갖 고난을 견뎌내고 살아남아 잘 익어가는 뜨락의 감나무를 보며 사람들의 아픈 상처도 빨리 아물기를 기도한다. 이제 드디어 가을이다.

침실 옆 부도

내 침실 옆에는 부도(浮屠)가 있다. 불과 십여 미터 정도이니 그야말로 엎어지면 코 닿을 정도로 가까이 있다. 창을 열면 이곳에서 수행하다 입적하신 스님들의 무덤이 바로 앞에 있는 것이다. 여기저기 자유롭게 흩어져 고졸(古拙)한 모습으로 있는 부도전을 보노라면 한없이 편안함을 느낀다. 가끔 포행길에 배례를 하고 가만히 부도를 만지면 "천은사 주지! 자네 지금 제대로 소임보고 있는가?" 하시는 큰스님들의 경책이 까칠한 감촉으로 전해지는 듯하다. 그러니까 나의 침실은 살아 있는 선방이며 현장학습장이다. 늘 죽음을 목전에 두고 지금 이 순간을 열심히 살라는 가르침을 새길 수 있기 때문이다.

세상에는 많은 법칙들이 있다. 그리고 시대와 상황에 따라 달라지는 경우도 있다. 그러나 만고불변의 법칙이 딱 하나 있으

니 바로 언젠가는 우리 모두 죽는다는 것이다. 부처님께서도 오직 하나 끝없이 반복되는 생로병사의 고통에서 벗어나고자 출가하여 마침내 깨달음을 얻은 것이다. 만약 언젠가 반드시 죽는다는 이 사실만 때때로 자각해도 우리네 삶이 그리 팍팍하진 않을 것이다. 사람과 물질에 대한 집착에서 조금은 자유로울 수 있기 때문이다. 그러나 그게 어디 쉬운 일인가. 가족이나 지인의 장례식장에 갔을 때는 마치 인생의 큰 깨달음을 얻은 것처럼 잘 살아야지 하다가, 일상으로 돌아오면 언제 그랬냐는 듯이 까맣게 잊고 산다. 그러다가 어느 날 문득 내 차례가 오면 "아차!" 하며 후회하는 것이다.

달라이라마 존자는 매일 아침 "오늘 제가 살아 있는 것이 다행입니다. 제가 이 귀한 인생을 얻었으니 오늘도 화를 내지 않고 어려운 일도 인내하겠습니다. 오늘도 마음을 닦는 수행을 하면서 저의 모든 것을 이 세상에 베풀겠습니다. 이 귀한 오늘을 그렇게 살겠습니다." 하며 기도를 하신다고 한다. 영어 'Present'에는 '현재'라는 뜻과 '선물'이라는 뜻이 같이 포함되어 있다. 오늘이 바로 선물인데 사람들은 알지 못한다. 나는 부도, 아니 무덤 옆 침실에서 매일 아침 다시 일어나는 기적을 선물 받고 있다.

머니 중 제일은 석가머니

시내에서 작은 가게를 하는 신도가 몇 분의 지인과 같이 오셨다. 요즘 코로나 때문에 장사가 너무 안 돼 로또복권 사서 기도라도 하고 싶은 마음이라고 하셨다.
"스님, 돈 잘 버는 방법 좀 가르쳐주세요."
보살님이 심각하게 물었다.
"네, 제가 비법을 가르쳐 드리지요."
순간 보살님의 눈이 반짝였다.
"머니머니 해도 머니 가운데 제일은 석가머니죠."
내가 웃으면서 이야기했다.
"석가머니가 뭐예요? 석가모니 부처님이죠."
"아이고 스님도 참, 농담은요. 근데 그게 왜 제일인데요?"
"부처님 가르침대로 장사를 한 번 해보세요."

"어떻게요?"

보살님이 앞으로 바짝 다가앉았다.

"게으르지 말고 부지런하며 정성을 다하여 손님을 맞이하세요. 내가 할 수 있는 모든 힘을 다하여 일을 하되 결과는 인연도리에 맡기면 됩니다."

"그래도 장사가 안 되면요?"

"세상 모든 일이 내 뜻대로 되지는 않습니다. 애를 써도 안 되는 것은 받아들이셔야죠."

법(法)자를 파자해 보면 '물(水)이 흘러가는(去) 것'이다. 물은 높은 곳에서 낮은 곳으로 흐른다. 순리다. 모든 법, 즉 진리는 이와 같은 법칙이 통한다. 부처님의 말씀을 '법'이라 하고, 스님들의 가르침도 법문이라고 한다. 사람들은 하는 일이 잘 안되면 무슨 뾰족한 수가 없나 하고 별 방법을 다 써보지만 이 원칙을 비켜나서 다른 방법이 없다. 인과의 도리인 것이다.

일전에 어른 스님을 모시고 성지순례를 간 적이 있었다. 평소 법문을 잘 안 하시는 분이지만 그래도 신도님들께 한 말씀 부탁드렸다.

"부처님 가르침은 간단합니다. 바로 생활하는 방법입니다. 살아가면서 일어나는 이런저런 문제들을 어떻게 하면 서로 상처 주지 않고 괴로워하지 않으며 합리적으로 해결할 수 있는지 그 방법을 팔만대장경으로 풀어 말씀하신 것입니다."

곰곰 생각하니 정말 그랬다. 요즘 소크라테스를 '테스형!'이라 부르는 노래가 인기다. 아무리 생각해도 머니 중 제일은 석가머니인 것이 분명한데 혹시 부처님께서 당신을 '석가머니'라고 해서 "이놈!" 하진 않으실지 모르겠다.

행복인생과 투덜인생

군대 있을 때다. 내가 복무했던 보병8사단은 일 년 중 반은 훈련이었다. 툭하면 행군이다, 진지보수다 하여 몇 십 킬로미터 걷는 것은 이웃동네 가듯이 했다. 그 가운데 빛나는 연중행사가 있다. 바로 100킬로미터 행군이다. 이 행군은 꼬박 24시간이 걸리는데 밤이 되면 거의 졸면서 걸어간다. 사람 형체만 겨우 보이는 캄캄한 길을 걷다 보면 위험할 때가 많다. 전방부대의 행군로들은 대부분 험한 산길이어서 자칫 잘못하면 낭떠러지로 떨어질 수 있기 때문이다. 나도 졸면서 걷다가 행군 격려 차 나와 길 가운데 세워둔 사단장님 차를 들이받은 적도 있다.

그런데 묘한 것이 있다. 신병들은 졸다가 갓길로 떨어져 다치는 경우가 많다. 그러나 고참들은 졸면서도 본능적으로 길 안쪽을 향한다. 신참 때 많이 부딪히고 다쳐봤기 때문에 몸이 먼저 아는 것이다. 절집안도 비슷하다. 선방 용맹정진 때는 차례로 장군죽비를 메고 경책을 돈다. 조는 스님들을 죽비로 때려 깨워주기 위함이다. 여기서도 구참과 신참의 차이가 난다. 분명히 졸고 있는 모습을 보고 앞에 다가가면 구참은 언제 졸았냐는 듯이 다시 허리를 꼿꼿이 세운다. 참으로 신기한 일이다. 그런데 신참들은 어깨에 죽비를 갖다 대면 내가 언제 졸았냐며 대든다. 아직 멀었다.

'세 살 버릇 여든까지 간다'라는 속담이 있다. 다른 말로 '세 살 때부터 좋은 버릇들이면 일생이 행복하다'고 할 수 있다. 똑같은 일을 하면서도 "이렇게 일을 할 수 있어 정말 감사해요" 하는 마음으로 하면 '행복인생'이다. 그러나 "이놈의 팔자" 하고 투덜대면 평생 '투덜인생'이 되는 것이다. 한 생각 차이다. 그런데 눈앞에 힘든 일이 닥쳤는데 행복하다는 마음이 생길 리가 없다. 우리 몸과 마음은 편한 것에 길들여져 있기 때문이다. 아무리 좋은 가르침도 내 것으로 만들기 위해서는 뼈를 깎는 노력이 필요하다. 힘들지만 '그럼에도 불구하고' 고치려고 자꾸 애를 쓰는 것이다. 오죽하면 부처님께서도 열반에 드실 때 "게으르지 말고 정진하라"며 유훈을 하셨겠는가. 하다 보면 바뀐다. 애쓴 만큼 바뀐다.

축원문을 읽으며

오늘 동안거 백일관음기도 입재를 했다. 예전에는 대절버스를 운행해서 많은 분들이 기도에 동참하셨지만, 코로나19로 인해 그렇게도 못하니 겨우 법당을 채울 정도였다. 대중교통을 이용해야 올 수 있는 신도님들의 답답함과 불편함은 이제 일상이 되었다.

천은사는 한 달에 한번 신중기도 법회를 한다. 처음 이곳에 부임했을 때는 이런저런 기도와 수행 프로그램들을 생각했었다. 그러나 살아 보니 시골 산중 사찰의 특성상 할 수 있는 것은 그리 많지 않았다. 결국 초하룻날 기도를 3일간으로 늘려 기도중심의 법회를 하는 것으로 방향을 잡았다. 한 달에 한 번 유일하게 하는 법회이다 보니 온 마음을 다해 기도를 했다.

우리나라 불자들의 기도방법은 거의 비슷하다. 천수경이나 다른 경전을 독송한 후 부처님께 공양을 올리고 축원해서 마치는 것이다. 오늘도 기도를 열심히 하고 축원문을 정성껏 읽었다. 고요하게 앉아 가족 축원이 나올 때를 기다리는 보살님들을 보면 거룩한 느낌마저 들었다. 축원문의 내용에는 온갖 소원들이 다 들어 있다. 단골메뉴인 '사대강건 육근청정' 즉 '몸과 마음이 건강하기를 발원합니다'만 되어도 "부처님 감사합니다." 할 것을 '관재구설 삼재팔난 사백사병 일시소멸'도 모자라 '자손창성 부귀영화 안과태평 복덕구족'을 추가하고 '각종시험 준비자 우수성적 무난합격'을 거쳐 마무리는 '만사여의원만 형통지대원'이다. 이 축원문대로라면 이 세상에서 이루지 못할 소원은 없다.

만약 축원하다가 이름이 누락되기라도 한다면 난리가 난다. 어떤 때는 실수로 빠져 다음날 제일 먼저 두 번 읽어 드린 적도 있다. 이런 분들께 불교는 인과를 가르치며 마음자리 깨치는 것이 목적이지 복을 비는 것이 아니라고 어떻게 말을 하겠는가? 오직 가족들의 행복을 기원하는 우리 어머니들의 저 간절함을 어찌 '기복'이라며 부처님의 가르침이 아니라고 하겠는가? '즉심시불'을 '짚세기불'로 잘못 알아들어도 그 마음만 지극하면 '한 소식' 하는 것이다. 지금 이 순간 모든 처소에서 기도하는 분들의 그 간절한 소원들이 모두 이루어지길 축원 드린다.

돌아보는 부처님

일본 교토 젠린지 에이칸도(禪林寺 永觀堂)에는 국보로 지정된 '돌아보는 부처님'이 있다. 보통 불상들은 거의 정면을 보고 있는데 뒤를 돌아보고 있는 부처님은 세계에서 이곳이 유일하다.

전해진 바에 의하면 어느 날(1082년) 에이칸(永觀) 스님이 법당에서 경행염불을 하고 있었다. 이때 갑자기 부처님이 법좌(法座)에서 내려와 앞장서서 스님을 이끌고 경행하셨다. 스님이 놀라 잠시 머뭇거리고 있을 때 부처님께서 고개를 돌려 미소를 지으며 "에이칸아, 늦는구나!"라고 말씀을 하셨다고 한다. 큰 감명을 받은 스님은 이후 '뒤를 돌아보는 아미타불상'을 조성하여 후대에 전하게 된 것이다. 부처님의 이 말씀에는 두 가지 뜻이 있다. 수행자들에겐 정진을 게을리 하지 말라는 경책과 고난에 힘겨워하는 중생에게는 따뜻하게 돌아보며 격려해주는 연민의 모습이다.

사진 | 성낙주

인디언들은 말을 타고 달리다가 이따금씩 내려 자신이 달려온 쪽을 한참동안 돌아보다 다시 간다고 한다. 말이 지쳐서 쉬게 하려는 것도 아니고 자신이 쉬려는 것도 아니다. 너무 빨리 달려 자신의 영혼이 쫓아오지 못했을까봐 영혼이 올 때까지 기다린다는 것이다. 이 얼마나 멋진 장면인가?

인도 기원정사에 있는 한국 절 천축선원 공양간에는 다음과 같은 글이 걸려 있다.

"출가 1년에는 부처님이 눈앞에 있고, 출가 2년에는 부처님이 서천에 있으며, 출가 3년에는 부처님께 돈을 달라 한다."

중국 3대 도인으로 알려진 허운스님의 말씀이다. 인도 불적지 순례 중 만난 이 글은 마치 이천 오백년 전 부처님께서 지금 나투시어 나태해진 나를 엄하게 경책하시는 듯 했다.

나는 지금 어느 자리에 있는가? 우리는 또한 어디로 가고 있는가? 아프다. 세상이 아프다. 모두 점점 지쳐가고 있다. 고도의 물질문명 발전을 내세워 앞만 보고 달려온 결과가 지금 온 세계가 겪고 있는 아픔의 원인이 되지는 않았는가? 이제 옆도 보고 뒤도 돌아보는 부처님이 필요한 시대다. 너무나 힘들었던 한 해가 저물고 있다. 무심코 지나온 길 위에 내가 내미는 따뜻한 손길 하나로 삶을 다시 시작할 수 있는 사람이 쓰러져 있지는 않았는지 한번 돌아볼 일이다.

감속, 제발 감속!

도반 스님 절에 가다 도로공사 현장을 지나게 되었다. 큰 고개를 넘어 내리막 위험한 구간이라 곳곳에 안전운행을 하라는 문구가 세워져 있었다. 첫 번째 안내판은 '감속'이었다. 서행했다. 조금 더 가니 '절대감속'이라는 두 번째 안내판이 나왔다. 속도를 더 줄였다. 점점 더 위험한 구간이 나오자 이번엔 급기야 '제발 감속'이라는 표지까지 등장했다. 참으로 씁쓸했다. 도대체 얼마나 말을 안 들었으면 '감속' 하나만으로도 충분할 표지가 이렇게 통사정까지 하게 되었을까?

우리 근대사는 일제강점기와 한국전쟁이란 민족사적 시련을 헤쳐 왔다. 그 후 받아들인 신문물과 '잘 살아 보세'라는 근면성으로 급속한 경제성장을 이루게 되었다. 우리는 마음이 바빴다. 21세기 전 세계는 바야흐로 무한경쟁시대에 돌입하게 되었고,

그 대열에서 낙오하지 않으려면 오직 앞만 보고 달려가야만 했다. 그리하여 자연스럽게 무엇이든 '빨리빨리'란 것이 판치게 되었으며, 그 부산물로 '대충대충'과 '적당히', 그리고 '설마'라는 '부실종합세트'가 사회 곳곳에 숨어 언제 터질지 모르는 시한폭탄이 되어버렸다.

잊을 만하면 터지는 대형 재난사고들은 대부분 인재에 의한 것이 많다. 사고가 난 원인을 살펴보면 분명히 문제가 있었는데도 제대로 점검하지 않은 것이 밝혀진다. 시스템이 잘못되었든지 사람이 잘못했든지, 모두 인(因)과 연(緣)이 얽히고설켜 일어난 과(果)이다. 이 시대는 돈만 되면 뭐든지 해도 된다는 그런 물질만능과 배금사상이 사회곳곳에 만연해 있다.

사고의 대부분은 과속이다. 물질의 발전과 함께 의식수준도 같이 성숙되어야 하는데, 속도가 너무 빨라 따라 잡질 못한다. 이젠 감속을 좀 해야 한다. 돈 좀 더 벌고, 좋은 차 타고, 더 큰 집에서 사는 것이 행복의 척도는 아니다. 좀 덜 벌고, 버스 타고 다니고, 작은 집에서 지지고 볶고 살아도, 지금 가지고 있는 것이 정말 소중한 것임을 알아차리기만 하면 바로 행복한 인생이다. 결과보다 과정을 소중히 여길 줄 아는 사회가 건강한 사회다. 조화와 균형은 '가속'과 '정지'를 잘 조절할 줄 알아야 한다. 안전운행을 위해서는 반드시 브레이크가 필요하다. 그 브레이크는 가속페달 바로 옆에 있다. 제발 감속 좀 하자.

인생 노선도

아는 스님이 병원에 입원하셨다길래 문병 차 서울에 갔다. 기차에서 내려 몇 사람에게 물어 겨우 목적지까지 가는 버스를 탔다. 산승山僧이 가끔 수도승首都僧을 만나러 서울에 가면 지리를 몰라 여간 곤란한 것이 아니다. 그런데 힘들게 탄 버스가 한참을 갈 동안 정류장 안내방송을 하지 않고 그냥 쌩쌩 달리기만 하는 것이 아닌가? 슬며시 불안한 마음이 들기 시작했다.

'이러다가 내릴 곳을 지나쳐 버리는 것 아닌가?' 편하게 경치 구경하던 눈은 금세 차창 밖을 두리번거렸다. 다급해진 마음도 버스 안에 있는 노선도를 찾기 시작했다. 그때 안내방송이 나왔다. 생각해 보니 내가 탄 버스는 직행버스였고, 또 탔던 곳이 버스가 출발하는 곳이라 일정 거리 동안은 거의 내릴 사람이 없기 때문에 그랬던 것 같았다. 한숨을 돌리긴 했지만 잠시 동안 허둥대고 답답했던 마음은 어찌할 수 없었다.

버스에는 버스노선도가 있고 지하철에는 지하철노선도가 있다. 궁금하면 언제든지 한눈에 경유지와 도착하는 곳을 살펴 볼 수 있다. 우리네 삶도 이들 노선도처럼 한눈에 시원스럽게 볼 수 있다면 과연 어떠할까. 그리하면 한 치 앞도 내다보지 못하고 늘 불안하게 살아야만 하는 인생이 환하게 보일까? 역사에는 'IF'가 없다고 한다. 삶이란 지나고 보면 늘 아쉬움이 남는 것은 당연하다.

"만약 그때 내가 그렇게 하지만 않았어도 지금쯤 이렇게 되지는 않았을 텐데…." 하는 마음으로 사는 것이 바로 어찌할 수 없는 우리네 인생이다. 한 치 앞을 내다볼 수가 없기 때문에 우리는 지금 이 순간 온 힘을 다해서 살아내야 한다. 혹시 지금 하고 있는 이 일이 훗날 아쉬움을 남길지라도 오직 정성을 다해야 하며, 이 순간의 '최선'들이 모여 결국 나의 '인생노선도'가 완성되는 것이다.

나의 인생노선도를 미리 알 수만 있다면 당장의 답답함이야 해소되겠지만, 뻔히 아는 길을 가는 것이 과연 얼마나 의미 있고 애써 살아볼 만한 가치가 있을까? 때로는 지하철을 타고 가다 깜박 졸아 목적지를 지나쳐 내릴 때도 있다. 중요한 약속을 잊어 낭패를 겪기도 하며, 막다른 골목에서 왔던 길을 되돌아 나갈 수도 있다. 그러나 그 잘못 든 길에서 내 인생의 전환점이 되는 사건을 만나기도 하고, 지쳐 쓰러져 가는 내 손을 잡아줄 고마운 사람을 만나기도 한다. 이런 순간들이 모여서 결국 우리네 삶을 더욱 풍성하고 아름답게 만드는 것이 아닐까?

영화 〈캐스트 어웨이〉를 보면 주인공이 무인도에 표류하면서 절망에 빠져 지내다가, 파도에 밀려오는 물건들을 하나씩 모아서 결국 탈출에 성공한다. 영화 끝날 때쯤 주인공이 한 명언이 있다.

"내일은 파도에 또 뭐가 실려 올지 모르잖아."

우리네 인생도 그렇다. 어떤 상황에서도 그것을 받아들이고 긍정하며 감사하는 마음, 이 힘들고 긴 터널의 끝이 언젠가는 끝나고 환하고 밝은 세상으로 나아가리란 확신을 가지면 반드시 그렇게 될 것이다.

삶이란 애쓰다 보면 언젠가 반드시 이루어진다.

핑계 대지 말자

 온 나라가 핑계만 대고 있다. 서로 남 탓만 하고 내가 잘못했다며 책임지는 사람이 없다. 모든 일에 나의 '옳음'만 있고 상대방의 주장에 대한 이해나 배려는 찾아보기가 힘들다. 가족 사이의 갈등도 내가 옳다며 소리를 지르고 있고, 해마다 반복되는 노사협상도 네가 한 발 더 양보하라고 버티고 있다.
 부처님께서 출가 후 6년간 고행 끝에 깨달은 진리는 무엇인가? 간단하다. '이것이 있으므로 해서 저것이 있고, 저것이 있으므로 해서 이것이 있다', 즉 인연법인 것이다. 모든 일에는 원인과 결과가 있다. 어떤 일이 일어났을 때 그 결과만 보고 남 탓하며 책임을 회피할 것이 아니라 그럴 수밖에 없었던 원인을 잘 살펴야 한다. 지혜로운 사람은 실수를 경험삼아 반복하지 않으려고 애쓰겠지만, 어리석은 사람은 평생 남 탓만 하며 투덜대다가 인생을 마친다.

지금 대한민국 정치는 민생은 뒷전이고 서로의 당리당략만 앞세우는 싸움질로 인해 국민들의 피로감은 거의 폭발 직전에 있다. 또한 날만 새면 보도되는 사회 곳곳의 소통부재로 인한 갈등과 일부 재벌가의 몰지각한 행태로 인해, 국민들이 겪는 상실감은 이루 말로 표현하기 힘들다.

사회 지도층의 도덕적 의무를 뜻하는 '노블리즈 오블리제'란 말이 있다. 노블리즈는 '닭의 벼슬'을 의미하고 오블리제는 '달걀의 노른자'라는 뜻이 있다. 다시 말해 닭의 사명이 자기의 벼슬을 자랑함에 있지 않고 알을 낳는 데 있음을 말해 주고 있는 것이다. 그만큼 누리고 있으면 합당한 의무를 다해야 한다. 그 부와 권력이 어디서 왔는가? 원인을 잘 살펴봐야 한다.

살아가다 보면 누구나 실수도 하고 잘못을 할 수 있다. 그것을 해결하는 가장 좋은 방법은 사과하고 참회하는 것이다. 몸에 난 상처는 보이니까 빨리 치료하게 되지만, 말이나 행동으로 영혼에 낸 상처는 눈에 보이지 않는다. 그러나 눈에 보이지 않는다고 방치해 두면 상처가 점점 깊어져 나중에는 정말 치료하기 힘들어진다.

상처는 빨리 치료해야 한다. 상처의 정도에 따라 사과로 끝날 것이 있고, 받아 줄 때까지 무릎을 꿇고 가슴으로 참회해야 할 것도 있다. 용서하고 안 하고는 그 참회의 진정성으로 결정될 것이다. 좋은 관계를 지속하려면 잘못에 대한 참회와 용서가 반드시 있어야만 한다. 이 과정이 없이 자기 합리화로 핑계만 댄다면 관계는 더욱 악화될 뿐이다. 사과나 참회를 망설이면 안 된다. 진정한 용기가 있는 자만이 참회를 하고 용서를 구할 수 있다. 잘못한 것은 다 털어 놓고 참회하자. 그래야 상처도 아물고 새살이 돋아난다.

머위에게 삼배하다

점심 공양 후 대중들과 '동안 명상길' 포행에 나섰다. 두타산에서 불어오는 바람이 아직 차가웠지만 여기저기 새싹이 움트고, 노루귀도 활짝 피어 봄이 왔음을 알려주었다. 벤치가 있는 솔밭까지 가서 다들 오랜만에 정담을 나눴다. 왔던 길을 돌아가는데 저만치 앞서가던 공양주 윤주 보살님이 갑자기 땅에 꿇어앉아 절을 했다.

가만히 지켜보다 "아니, 보살님. 왜 땅에다 절을 하세요?" 하니 "네, 머위를 반찬으로 쓸까 하고 머위님께 고마워서 삼배 드렸습니다." 하시며 공손하게 나물을 캤다. 추운 겨울을 따뜻하게 품어준 대지와 새싹으로 보답한 머위에게 감사의 마음을 전한 것이다. 갑자기 공양주보살님 등 뒤로 아우라가 비치는 듯했다.

우리 천은사 공양간에는 다음과 같은 글이 있다. '천천히 씹어서 공손히 삼켜라. 봄에서 여름 지나 가을까지 그 여러 날들을 비바람 땡볕으로 익어온 쌀인데 그렇게 허겁지겁 삼켜버리면 어느 틈에 고마운 마음이 들겠느냐. 사람이 고마운 줄을 모르면, 그게 사람이 아닌 거여' 이현주 님이 쓰신 '밥 먹는 자식에게'라는 시다.

같이 걸려 있는 절집의 오관게와 비슷하다. '이 음식이 어디서 왔는가, 내 덕행으로 받기가 부끄럽네. 마음의 온갖 허물을 버리고, 육신을 지탱하는 약으로 알아, 도업을 이루고자 이 음식을 받습니다' 모두 음식 귀한 줄을 알라는 말이다.

쌀 미米자를 파자해 보면 팔십팔(八十八)이 된다. 쌀 한 톨이 만들어지기까지 여든여덟 번의 손길을 거쳐야 비로소 밥이 되어 내 입속으로 들어오는 것이다. 쌀 한 톨이 이러할진대 밥상 하나가 차려지려면 그 얼마나 많은 노고가 있었겠는가.

옛날 어떤 스님은 상추를 씻다 떠내려간 잎을 건지러 개울을 뛰어 내려갔고, 설거지 하다 하수구에 있는 밥알을 건져 먹는 스님들도 있다. 방생이 따로 있는 것이 아니다. 음식을 버리는 것이 살생이요, 그 음식을 생명으로 받아들이는 것이 방생이다.

이제 나는 과연 머위의 생명을 반찬으로 받을만한 수행을 하였는가? 지은 바 덕행이 부족하니 머위에게 부끄럽고 또 부끄럽다.

#part 5
살아 있으니까 아프다

산다는 것은 처절한 슬픔이면서 아름다운 것이다. 눈물겹도록 아름답다. 그러하기에 더욱 살아볼만한 가치가 있는 것이다. 주어진 삶이기에 내가 할 수 있는 모든 정성을 기울여 살아내면 되는 것이다. 그것이 인생이다.

운명? 간절한텐 지더라

"혈액암입니다. 최선을 다해 치료를 해보겠지만…."

출가 전 어느 날 나는, 길을 가다 현기증으로 쓰러져 근처 응급실에 실려 갔다. 가끔 코피가 나고 어지럽긴 했지만, 그냥 빈혈이 좀 심한가 하며 대수롭지 않게 여겼었다. 며칠 입원하면서 정밀검진을 받았는데 담당의사가 말끝을 흐리며 던진 말이다. 청천벽력 같은 소리였다. "뭐라고요? 혈액암이 도대체 뭔가요?"

천성인 탓도 있겠지만 난 마음이 여려 누구에게 죄지은 것도 없고, 그냥 열심히 공부하고 평범하게 사회생활을 하고 있던 그야말로 모범시민이었다. 그런 나에게 내려진 사형선고는 그야말로 충격이었다. 그때까지만 해도 가끔 교회에 다니던 내게 내려진 신의 형벌은 가혹했다.

"도대체 내가 무엇을 잘못했습니까? 왜 내가 이런 병에 걸려야 한단 말입니까? 대답 좀 해주세요, 제발요…"

이렇게 통곡하는 내게 신은 아무런 답을 주지 않았다. 하늘에서는 마치 "신의 섭리니까 잔말 말고 그대로 따라. 뭔 불만이 그리 많아." 하는 것만 같았다. 길 가는 사람들은 다 행복하게만 보이는데, 나만 쓸모없는 인간이 되어 세상 밖으로 사정없이 내던져진 느낌이었다. 부모님껜 차마 이야기조차 꺼내지 못했다. 억울했다. 이대로 죽기에는 너무나 억울해서 눈도 감지 못할 것 같았다. 따져야만 했다. 목사님을 찾아가기도 하고, 길 가는 사람들을 붙잡아 놓고 넋두리를 풀어놓기도 했다. 그러나 어느 누구도 시원한 대답을 해주질 못했다. 당연했다. 억울한(?) 죽음을 앞두고 눈에 보이는 것이 없이 울분에 차 있는 청년한테, 어떤 성인군자의 말씀인들 귀에 들어오겠는가?

"거 안타깝긴 하지만 어쩌겠소. 그냥 받아들이시고 남은 인생이나 잘 마무리 하소."

어느 시장 통에서 만난 노점상이 막걸리 한 잔 건네며 한 말이 결국 정답인 것 같았다. 그냥 받아들이기로 했다. 기독교에서 말하는 '신의 섭리'이든, 불교에서 말하는 '전생의 업'이든 내 힘으로는 어찌 할 수 없다는 결론에 도달한 것이었다.

"그래, 어차피 이리 된 것 죽기 전에 도대체 그 운명이란 것이 뭔지, 업이란 것이 뭔지 알고나 죽자. 그래야 덜 억울하지. 왜 내 의지와 상관없이 누군가가 인생을 프로그래밍해서 마음대로 죽였다 살렸다 하느냐 말이다."

이렇게 마음이 정해지자 어지러운 생각을 정리하고 집중할 수 있는 환경이 잘 갖추어진 산사를 찾게 되었다. 문득 학창시절 즐겨 읽던 『샘터』라는 잡지에 '산방한담'이란 글을 연재하던 법정 스님이 생각났다. 스님께 출가할까 하고 알아 보니 법정스님은 상좌를 안 받는다는 이야기를 전해 들었다. 잠시 망설이다 집에서 제일 먼 강원도로 출가해야겠다는 생각이 들어 오대산으로 향했다.

"강릉 가는 표 한 장 주세요."

35년 전 부산 동부정류장. 아침에 출발한 버스는 동해안 바닷가 7번 국도를 하루 종일 달렸다. 저녁 무렵 강릉에 도착하니 오대산으로 가는 차편은 이미 끊긴 후였다. 출가 전에 이미 동가숙 서가식 하며 행각 경험을 톡톡히 한 나는 터미널 나무의자에서 신문지를 덮고 노숙을 했다. 다음 날 첫차를 타고 진부에 도착해서 다시 월정사로 들어가는 버스를 탔다. 한동안 털털거리며 달리던 버스는, 전나무 숲길을 지나 월정사 산문 앞에 나를 내려놓고 뽀얀 먼지 속으로 사라졌다.

오대산월정사. 현판을 올려 보니 비로소 내가 출가한 것을 실감할 수 있었다. 계곡 옆 전나무 숲속에 있는 그루터기에 잠시 앉았다. 무심히 흐르는 오대천의 물결을 멍하니 한참동안 바라봤다. 마치 지금까지 살아온 인생여정이 오버랩 되어 춤을 추듯

흘러가는 듯했다.

드디어 산문을 들어섰다. 도량을 두루 둘러본 뒤 법당 뒤에 있는 산신각으로 들어갔다. 작고 조용한 공간이 그동안 지치고 긴장했던 몸과 마음을 편안하게 받아주었다. 잠시 앉아 있는데 불전함에 '불교병원건립 모금함'이라고 쓴 명패가 보였다. 주머니를 뒤져 보니 딱 백 원이 나왔다. 나의 전 재산인 백 원에 온 마음을 담아 시주를 했다. 그리고 불보살님의 가피로 몸이 나으면 남은 생은 덤으로 알고, 아프고 힘든 사람들을 위해서 삶을 회향하겠다는 발원을 했다. 한참을 엎드려 울면서 기도를 하고 나니 몸과 마음이 개운해졌다.

종무소로 찾아가 출가하러 왔다고 했다. 직원이 재무 스님께로 안내했다. 인사를 드리고 미리 준비해 간 출가 서류를 꺼내 놓았다. 내가 누구인가. 군대 있을 때 보직이 작전병 출신이라 출가에 필요한 서류는 미리 알아보고 모두 준비를 해 간 것이다. 시큰둥하게 쳐다보는 스님께 "스님, 전 돌아갈 차비도 없습니다. 행자로 받아 주시기만 하면 정말 열심히 수행 잘 하겠습니다."

인생의 마지막 면접시험에서 떨어지면 더 이상 갈 곳이 없다는 절박한 심정으로 애원하다시피 매달렸다.

"일단 객실에 가서 며칠 지내보고 마음이 결정되면 이야기하세요. 그때 행자로 받아줄 테니까요." 하셨다. 행자반장이 와서 객실로 안내했다. 정식으로 입산 허가가 떨어질 때까지 며칠간

객실에 두고 보며 근기를 살펴보는 것이었다. 만행시절 주인 없는 암자에서 하룻밤 신세 진 적이 있긴 하지만, 이렇게 정식으로 절에 들어오긴 처음이었다. 낯선 산사에서의 하룻밤은 참으로 길었다. 어디서 그런 생각들이 일어나는지 참으로 오만가지 망상들이 꼬리에 꼬리를 물고 멈추질 않았다. 휘파람새는 또 왜 그리 울어쌌는지…. 며칠간의 속복 행자생활을 무사히 마치니 정식으로 행자실 입방 허가가 떨어졌다. 드디어 '조행자'가 된 것이다.

"아니 후원에 할 일이 태산 같은데 행자 주제에 어디서 이 시간에 기도를 하고 있어?"

자투리 시간에 짬을 내 기도하고 있던 내게 지나가던 원주 스님이 호통을 치셨다.

"네, 알겠습니다."

하던 기도를 그만두고 바로 공양간으로 달려갔다. 월정사는 대한불교조계종 제4교구 본사라 할 일이 많았다. 당시 행자가 8명이나 있었으나, 불사를 하는 인부들 공양 챙기느라 늘 바빴다. 그렇게 하루를 보내고 나면 언제 잠이 드는 줄도 모르고 곯아떨어지곤 했다. 그러나 아무리 힘들어도 출가 화두인 바로 그 '왜?'란 한 생각만큼은 절대 놓질 않았다. 뒤에서는 죽음이란 그림자가 무섭게 쫓아오고 있고, 앞에는 천 길 낭떠러지가 입을 딱 벌린 채 떨어지길 기다리고 있는데, 어찌 한 순간인들 맘 편히 있겠는가? 오직 운명과 숙명, 그리고 업의 존재를 화두삼아 틈만 나면 법당 뒤 삼성각에서 기도를 올렸다. 단 하나 '간절함'만이 존재하는 나날이었다.

"약왕보살, 약왕보살, 약왕보살, 약왕보살…."

나는 팔각구층석탑 앞에서 부처님께 공양 올리고 있는 약왕보살님께 열심히 기도를 하고 있었다. 온몸은 땀범벅이 되어 마치 비에 흠뻑 젖은 듯했다. 그러나 아무리 기도를 해도 약왕보살님은 꿈쩍도 하지 않고 그냥 무심히 앉아있을 뿐이었다. '내가 이렇게 기도를 해도 아직 정성이 부족하구나. 그러니까 약왕보살님께서 감응이 없으신 게지' 이런 생각이 들자 '정말 간절한 기도란 바로 이런 것일 거야' 할 정도의 피를 토하는 마음으로 집중해서 기도를 했다. 그런데 그때 기적이 일어났다. 한쪽 무릎을 땅에 꿇은 채 무심히 계시던 약왕보살님께서 벌떡 일어나 나를 향해 걸어오시는 것이었다. 약왕보살님을 바라보니 온몸은 그대로 돌인데 눈만은 사람처럼 살아 움직이며 편안하게 미소를 짓고 계셨다. 너무 순식간에 일어난 일이라 깜짝 놀랐다. 내게 오신 약왕보살님은 마치 마정수기를 하듯 이마에 손을 얹으셨다. 그 순간 온몸이 고압선에 감전된 듯 충격과 함께 엄청난 전율이 흘렀다. 온몸이 붕 뜨는 듯하며 뭐라 말로 표현할 수 없는 희열을 느꼈다.

"아아! 약왕보살님, 감사합니다. 이렇게 감응을 해주셔서 감

part 5
살아 있으니까 아프다

사합니다. 정말 감사합니다." 하며 소리를 치며 눈을 떠 보니 캄캄한 행자실이었다. 이게 꿈인가 생시인가? 너무나 생생하여 잠시 멍하니 앉아 정신을 가다듬었다. 온몸은 꿈에서와 같이 땀으로 흠뻑 젖어 있었다. 행자실로 사용하는 동별당 문을 열고 마당을 내다 보니 팔각구층석탑은 달빛 아래 고요히 신비스러움을 더하고 있었다. 약왕보살님은 조금 전 내게 막 다녀가신 듯 알 수 없는 기운으로 나를 이끌고 있었다. 너무나 벅찬 마음에 그 자리에서 조용히 일어나 약왕보살님을 향해 삼배를 올렸다. 잠시 후 도량석 목탁이 고요히 잠든 산사의 적막을 흔들어 깨웠다.

"스님, 여기 붙여 놓은 글이 너무 좋습니다. 스님께서 쓰신 글인가요?"

얼마 전 천은사에 템플스테이를 한 분들이 차 한잔 하러 방에 들렀었다. 조용히 차를 마시던 한 분이 벽에 붙여 놓은 글귀를 보며 물었다. 붓으로 쓱쓱 써서 붙여 놓은 것은 바로 '그대 지금 간절한가?'라는 글이었다. "아, 그거요? 제가 가끔 보면서 경책으로 삼기 위해 쓴 글입니다."라며 자연스럽게 간절함에 대한 주제로 얘기가 옮겨 갔다.

사실 세상 살아가면서 꼭 필요한 단어 하나를 고르라 한다면, 나는 이 '간절'이란 말을 선택하고 싶다. 이 말만 가슴에 품고 산다면 이루지 못할 것이 없기 때문이다. 서로 살아오면서 간절했던 순간들을 얘기했고, 나는 행자시절 간절했던 마음으로 기도했던 일과 몽중가피의 체험을 얘기했다. 모두 귀를 기울이며 경청하다가 한 분이 물었다.

"스님, 그럼 지금은 몸이 다 나은 건가요?"

"글쎄요, 아마 좋아졌으니까 지금 이런 자리도 있겠지요? 전 출가하면서 이미 죽었던 목숨이라 하루하루를 부처님께서 주신 선물이라 생각하고 살고 있습니다. 요즘도 면역계통 질환으로 시원찮은 데가 많긴 하지만 기도하며 수행하기에는 이 정도도 감사하며 행복하기만 합니다."

가끔 주변에서 가피 이야기를 듣게 된다. 기도나 수행의 공덕으로 힘든 일이 절로 술술 풀리기도 하고 희귀난치병이 낫기도 한다. 내가 지은 공덕의 결실이 지금 현실에서 바로 나타나는 것을 현증가피라 한다. 나처럼 꿈속에서 불보살님이나 조상님으로부터 받는 가피를 몽중가피라 하며, 일상이 평안한 그 자체를 복이라 여기는 명훈가피도 있다. 별일 없는 것이 무슨 가피냐 하는 사람도 있겠지만, 삶의 온갖 고난을 겪어본 사람은 안다. '무별사즉가피無別事卽加被', 즉, 평범한 일상이 얼마나 소중한 것인지를⋯.

삶을 살아가다보면 도대체 내 인생의 임계점臨界點은 언제쯤일까 하고 의문을 가질 때가 있다. 물을 끓이면 처음에는 미동도 하지 않다가 조금 지나면 거품이 생기기 시작한다. 그러다 어느 시점에 도달하면 부글부글 끓으며 수증기가 피어난다. 하나의 상태가 다른 상태로 변하기 위해서는 반드시 임계점을 통과해야 한다. 사람의 일도 마찬가지다. 액체의 끓는점이 제각각이듯 사람의 임계점도 각기 다르다. 누구는 이 세상이 불공평하다 여길 정도로 쉽게 끓어올라 승승장구하고, 또 누구는 "도대체 끓기는 하는 거야?"라는 의문이 들만큼 천천히 끓어오르기도 한다.

 그런데 중요한건 누구든 포기하지 않고 충분한 열을 가해 주면 언젠가는 끓어오른다는 사실이다. 그런데 천천히 끓어오르는 사람이 오히려 끈기, 지구력, 인내심 같은 것을 배우게 되어 일찍 막 끓어오른 사람들보다 더 오랫동안 빛을 발할 가능성이 크다. 그러니 지금 당장 일이 내 맘대로 되지 않는다고 너무 낙담하거나 좌절해서는 안 된다. 쉬지 않고 열을 가하다 보면 반드시 펄펄 끓는 순간이 온다. 사람마다 업성業性이 달라 임계점이 다를 뿐이다. 다만 나를 끓게 해줄 만큼의 열정을 가지고 충분히 열을 가해 주고 있는지, 오직 그것에만 집중할 일이다.

 '생야전기현 사야전기현生也全機現 死也全機現, 살 때는 삶에 철저하여 그 전부를 살아야 하고, 죽을 때 또한 죽음에 철저하여 그 전부를 죽어야 한다'

 12세기 선승 원오 극근선사께서 후학들에게 하신 말씀이다. 전기생 전기사全機生 全機死, 한마디로 철저히 살고 철저히 죽으라는 말이다. 인생人生의 '生'자를 파자해 보면 '소牛'자에 '한一'자이다. 우리네 삶은 네발 달린 소가 외나무다리 위를 위태롭게 지나가는 것과 같다. 조심스럽게 한 걸음 한 걸음, 오직 간절한 마음으로 집중해야만 그 다리를 무사히 지날 수가 있다.

그대 지금, 흔들리는 삶의 칼 날 위에서 고뇌하고 있는가? 그렇다면 그 고통 속으로 온몸을 내던져 보라. 물은 절대 99도에선 끓지 않는다. 마지막 1도가 더 필요하다. 물을 수증기로 바꿔 놓는 것은 바로 그 결정적인 1도 차이다. 100도가 되어야 물은 비로소 춤을 추기 시작한다. 우리네 삶도 마찬가지다. 무슨 일을 이루려면 99%도 아닌 100% 순도의 영혼을 바쳐야 한다. 그러면 분명히 길이 보일 것이다. 간절한 곳에 반드시 가피가 있다. 운명도 비켜 간다. 기도의 공덕은 절대 헛되지 않는다.

지리산 토굴에서 해인사까지

　1987년 그해 겨울, 운수행각雲水行脚을 마친 나는 낯선 역사驛舍에서 지리산 토굴로 돌아가는 기차를 기다리고 있었다. 긴 만행에 지친 탓도 있었지만, 그즈음 나의 영혼은 마치 오랜 가뭄으로 논바닥이 갈라지고, 마른풀 더미가 바람에 날려 다니는 듯이 황폐해져 절망에 빠져 있었다. 그러니까 지리산 토굴을 떠나온 지 한 달쯤이나 되었을까? 토굴 선실禪室에서 좌선에 들어 있던 나는 용수철이 튕겨 나오듯 문을 박차고 나와 밤기차를 탔었다.
　출가할 때부터 혼자만의 고요한 수행처를 꿈꿔 왔던 내게 수계는 날개를 달아 주었고, 만행 다니다 보아 두었던 움막은 어설픈 용맹심으로 가득 찬 '햇중'을 유혹하기에 충분했다. 계를 받고 보름 만에 행각을 시작할 만큼 방랑벽이 심했던 나는, 제도화된 교육은 애초 받을 생각도 없이 바로 하동의 지리산 자락 토굴에서 참선공부를 시작했다. 말이 토굴이지 산 속에 버려진 허름한 밤 저장창고였다. 그 토굴에서의 첫 밤을 나는 지금도 잊지 못한다. 미장도 하지 않은 구멍이 숭숭 난 블록 담 중간에 조그마한 창이 하나 있었다. 그 창밖으로 내다보이는 한 폭의 밤하늘 풍경은…. 아! 생애 처음으로 나만의 회상(會上)에서 좌복을 깔고 앉았으니 그 감동을 어찌 말로 표현하랴. 온 천하가 내 것이었고, 날이 밝기도 전에 도를 통할 것 같았다. 온 밤을 성성하게 정진한 후 멀리 첩첩한 산봉우리로 떠오르는 일출을 맞이하니, 고뇌하며 방황했던 지난날들을 모두 보상 받는 느낌이었다.

토굴 살림살이는 간단했다. 그야말로 굶어 죽지 않을 정도의 필요한 도구들만 준비했다. 석유풍로 하나, 쌀 한 자루, 냄비 하나, 수저 한 벌, 김치 한 통, 간장과 된장 작은 단지에 하나씩, 좌복 하나가 전부였다. 밥은 한 냄비 해 놓았다가 배가 고파 도저히 앉아 있을 힘이 없어지면 그때 몇 숟갈 퍼먹었다. 어떤 때는 밥 한 냄비로 일주일을 먹은 적도 있었다. 딱딱하게 굳어 있는 밥 위에 간장 한 숟갈 뿌려서, 오직 살아 남아 도를 이루기 위해 꾸역꾸역 씹어 삼켰다. 힘이 들고 서러운 생각이 들면 행자시절 가마솥 앞에서, 부지깽이를 두드리며 외우던 원효스님의 '발심수행장'을 큰 소리로 독송했다. 그러면 어느새 신심이 충만해져 기운이 펄펄 났다. 특히 이 대목에 이르러서는 혼자 감동해서 눈물이 핑 돌기도 했다.

조향암혈助響巖穴로 위염불당爲念佛堂하고,
애명압조哀鳴鴨鳥로 위환심우爲歡心友니라.
배슬拜膝이 여빙如氷이라도 무련화심無戀火心하며,
아장餓腸이 여절如切이라도 무구식념無求食念이니라.
홀지백년忽至百年이어늘 운하불학云何不學이며,
일생一生이 기하幾何관대 불수방일不修放逸하겠는가.

소리 울리는 바위굴로 염불당을 삼고,
구슬피 우는 기러기 떼는 마음을 기쁘게 해주는 벗으로 삼을지니라.
절하는 무릎이 얼음과 같을지라도 불을 그리워하는 마음이 없어야 하며,
굶주린 창자가 끊어질 듯 하여도 밥을 구하는 생각이 없어야 하나니
홀연히 백년에 이르거늘 어찌하여 배우지 아니하며,
일생이 얼마가 되는데 수행하지 않고 게으르단 말인가?

그렇게 시작한 토굴 생활도 그리 쉽지만은 않았다. 맨손으로 시작한 살림이 하나 둘 늘어나면서 조금씩 욕심이 생기기 시작했다. 그만큼 마음에 틈이 생긴 것이었다. '한 자루의 쌀이 떨어지기 전에 불도佛道를 이루리라' 하는 굳센 마음으로 시작했던

정진은 생각대로 잘 되질 않았다. 쌀이 떨어진 지 사흘 만에 결국 자존심을 접고, 전장에서 패한 병사처럼 휘청거리며 걸망을 메고 마을에 내려가 탁발을 했다. 하루에 버스가 두 번 들어오는, 열 가구도 채 안 되는 촌락인데 인심은 참 좋았다. 소문은 언제 났는지 쌀이며 김치, 된장 등을 퍼 주며, "대사님, 공부 열심히 해서 빨리 도통 하이소."라며 격려까지 해 주었다. 어떤 때는 토굴 문 앞에 쌀이며 반찬을 몰래 갖다 놓는 사람도 있었다. 삭발도 하지 않고 수염도 깎지 않고 있으니, 어느 날은 파출소에서 누가 수상한 사람이라고 신고를 했다며 신분 조사를 하러 온 적도 있었다. 그러나 토굴생활을 시작할 때 '이 자리에서 공부하다가 죽어 버려야지' 하는 마음을 단단히 먹고 들어갔기에 그런 생활들이 전혀 불편하지 않고 행복하기만 하였다.

그렇게 온몸을 던져 정진하였으나 두 번째 겨울을 지날 즈음 나는 차츰 자신감을 잃어 가고 있었다. 초발심의 그 사무치던 신심도 점점 퇴색되어 갔고, 무엇보다 내가 지금하고 있는 공부가 제대로 되어가고 있는지 거꾸로 가고 있는지 알 길이 없었다. 상기가 되어 아픈 머리는 토굴 바닥에서 뒹굴기도 했고, 어떤 때는 정신 나간 사람처럼 온 산을 쏘다니기도 했다. 그대로 있으면 미칠 것만 같았다. 떠나기로 했다. 늘 그랬듯이 떠난다는 것은 내게 자유를 의미했다. 그렇게 떠돌기를 한 달. 뭔가 정리가 되는 듯하면서도 머릿속은 여전히 혼란스럽기만 했다.

이윽고 기차가 들어왔다. 나는 의자에 앉자마자 깊은 잠에 빠져 들었다. 어디쯤 왔을까. 뒤척이며 창밖을 내다보려는데, "스님, 이거 박카스 하나 드세요." 하는 소리에 정신을 차렸다. 앞자리에 곱게 늙은 할머니 한 분이 나를 걱정스러운 듯 바라보고 있었다. 하기야 한 겨울에 다 찢어진 광목 옷 한 벌로 한 달여 동안 행각을 했으니 내 몰골이 말이 아니었다.

"괜찮습니다. 할머니나 드세요."

겨우 대답을 하고 다시 눈을 붙이려는데, "아이구, 젊은 스님이 어쩌다가 이 지경이 됐습니까?" 하며 다시 말을 붙였다. 순간 어떤 느낌이랄까, 할머니를 찬찬히 바라 보니 예삿분이 아닌 것 같았다. 건네주는 음료수를 받아 마시며 어디까지 가느냐고 물으니 진주까지 간다고 하셨다. 자기는 젊어서 과부가 되었는데 지금까지 부처님 가피가 아니었으면 벌써 죽었을지도 모른다며, 오랫동안 재가 불자들이 수행하는 선방에 다니면서 참선 공부도 해 왔다고 했다. 자연스럽게 토굴살이 이야기가 시작되었고 공부이야기로 이어졌다.

가만히 경청하던 보살님이 조심스레 이야기를 시작했다.

"스님, 제가 감히 스님께 공부 말씀을 드린다는 것이 송구스럽습니다. 하지만 오랫동안 선방에 다니면서 공부하는 스님들을 지켜보니, 스님같이 계 받고 바로 토굴에 가서 공부하는 스님네 치고 제대로 공부하는 스님을 못 봤습니다. 토굴 공부는 대중처소에서 웬만큼 힘을 얻은 뒤 혼자서 더 용맹스럽게 정진하고 싶을 때 선지식의 점검을 받아가며 할 일이지, 스님처럼 막 출가한 스님은 법도가 엄한 대중처소에 가서 그 속에서 부대끼고 하심하며 인욕행을 배우는 것이 더 중요합니다. 보살이 주제넘게 드리는 말씀이지만 잘 새겨 주시면 고맙겠습니다."

처음 보는 아들 또래의 스님 앞에서 차근차근 나를 설득시켜 나가는 보살님을 보며, 문득 관세음보살님의 화현인가 하는 착각에 빠질 정도로 전율하며 법문(?)을 듣고 있었다. 그러면서 머릿속에서는 벌써 힘겨웠던 토굴생활을 정리해 나가고 있었다. 그 보살님은 내 손을 꼭 잡으며 "스님, 공부 열심히 해서 꼭 성불하세요." 하며 눈물을 글썽였다. 밤기차는 내 긴 방황을 끝내려는 듯 하동역에 도착했다. 그날, 밤기차 속에서 만난 노 보살님은 출가 뒤 방황하던 내 공부 길을 올바로 잡아준 선지식이었다. 그리고 지금도 가끔 마음이 느슨해지면 그 보살님의 눈빛을 생각하며 경책을 삼고 있다. 지금 그 보살님은 어느 회상에서 정진하고 계시는지, 아직 살아 계신지 궁금하다.

결국 어설픈 신심으로 시작했던 1년 반 동안의 토굴생활은 이듬해 해인사승가대학에 입학을 하면서 끝이 났다. 산문 밖에서는 온 나라가 88서울올림픽 열기로 떠들썩하던 때였다. 몸이 많이 상해 있던 나는 어디로 갈까 망설이다가, '이왕 대중처소에 가서 공부를 하려면 대한민국에서 제일 도인으로 소문난 성철스님이 계시는 해인사로 가자. 그리고 그 힘들다는 해인사승가대학에 가서 어디 한 번 제대로 공부해 보자'라는 생각에 해인사로 결정했다. 사실 출가인연이 병고로 시작되어 투병 중이었던 나는 백여 명의 학인들이 한 치의 빈틈도 없이 짜여 움직이는 단체생활을 하기에는 애초부터 무리였다.

2학년 사집반 시절이었다. 해인사는 새벽예불 후에 꼭 108대참회문을 외며 절을 하는데, 절을 하는 중간에 왼쪽 무릎이 '뚝!' 하며 심한 통증이 왔다. 대중이 다 같이 하는 엄숙한 예불시간이라 빠지지도 못하고 절뚝거리며 겨우 절을 마치고 궁현당 큰방으로 들어왔는데, 그때부터 무릎이 붓고 아프기 시작했다. 간병실에서 며칠 쉬어도 차도가 없었다. 결국 대구 불교한방병원으로 치료를 다니기 시작했다. 그 후 좋다는 약은 다 먹어보고 별별 치료를 다 받아 봤지만 큰 차도가 없었다. 심할 때는 대중들과 함께 발우공양을 하기도 힘들어, 거의 한 철 동안 후원에서 상공양을 한 적도 있었다. 몇 번이나 걸망을 쌀까도 생각했었지만, 그때마다 지리산 토굴시절을 회상하며 마음을 추슬렀다.

그렇게 힘들게 지내던 어느 날 작정을 하고 장경각 법보전 부처님께 참배를 갔다. 그리고 절뚝거리는 다리로 온몸에 비 오듯 땀을 흘리며 지극한 마음으로 108배를 올렸다. 무릎을 다친 후 처음으로 많은 절을 한 것이다.

"부처님이시여, 이 병고를 잘 견뎌서 해인사승가대학 졸업할 수 있기를 바랍니다. 그리고 마애불에 다시 한 번 꼭 참배할 수 있기를 발원하옵니다. 부디 가피를 주옵소서."

땀과 눈물로 범벅된 기도를 마치고 나니 나의 지난 업장이 다 소멸되는 듯 환희심으로 온몸이 깃털처럼 가벼워짐을 느꼈다. 그 후 몸을 무리하지 않게 정진하고, 또한 도반들의 배려와 도움으로 건강도 차츰 회복되어 갔다. 4학년 대교반 가을, 나는 드디어 가야산 중턱에 있는 마애불을 거의 기다시피해서 참배를 했다. 부처님께서 나의 발원을 들어준 것이다.

가장 힘들었지만 내 생애 아름다운 추억들로 가득한 그곳. 나의 방황하던 마음을 단단히 잡아준 그곳 해인사강원, 아니 해인사승가대학. 지금 나의 수행은 그 시절의 고뇌와 선배들의 경책, 도반들의 탁마가 없었다면 결코 존재하지 않았을 것이다. 출가본사는 오대산 월정사이지만, 수행자로서 뿌리내리고 튼튼하게 잘 살아갈 수 있도록 자양분을 공급해준 곳은 가야산 해인사인 것이다. 해인사! 난 아직 그 이름만으로도 가슴이 설렌다.

첫 마음으로
– 월정사단기출가학교 이야기

2004년 이른 봄, 한 통의 전화가 걸려왔다. 오대산 월정사에서 온 전화였다. 새로 본사주지로 부임한 정념스님께서 내게 교무국장 소임을 맡기고자 하니 와 달라는 선배 스님의 부탁이었다. 그즈음 나는 강진 백련사 무문관 선방에서 정진한 후 몸이 많이 안 좋아 쉬고 있을 때였다.

"죄송합니다만 제가 무문관 정진 후 몸이 아직 회복되질 않아서 다음에 인연이 되면 그때 살도록 하겠습니다."

정중히 사양을 했다. 그런데 며칠 있다 또 연락이 왔다. 그러지 말고 일단 한번 와 보기나 하라는 것이었다. 자꾸 사양하는 것보다 부임 축하도 드릴 겸 직접 뵙고 말씀드리는 것이 예의겠다는 생각이 들어 오대산으로 향했다. 사실 난 월정사로 출가해서 스님이 되었지만, 계를 받고 보름 만에 걸망을 싸서 토굴행을 한 전력이 있다. 그렇기 때문에 절망의 끝에서 나를 부처님 제자로 받아준 월정사와 오대산의 너른 품, 그리고 몽중가피를 입은 약왕보살님의 은혜를 갚지 못하고 밖으로만 떠돈 마음의 빚이 늘 있었다.

주지 스님을 뵙고 인사를 올렸다. 그리고 사정을 말씀드리니, "아, 뭘 그리 고민하십니까? 몸이 안 좋으면 여기서 쉬엄쉬엄 조리하면서 틈틈이 소임도 보면 되지 않겠습니까? 그냥 같이 살도록 하십시다." 하며 망설이는 내 마음을 단칼에 정리를 해 버리셨다. '허, 이게 아닌데…' 하면서 잠시 생각을 했다. '그래, 이번 기회에 차라리 마음의 빚도 덜 겸, 그동안 선방 다니면서 대중공양 받은 인연들께 회향하는 마음으로 대중 시봉하는 공덕을 짓자'라고 생각을 정리했다.

"예, 그럼 그렇게 하겠습니다. 많이 부족하지만 정성을 다해서 한 번 살아보도록 하겠습니다."

사실 본사의 교무국장은 어찌 보면 한직일 수도 있지만, 일을 제대로 할라치면 안 걸리는 것이 없는 소임이다. 정념스님께서는 상원사 주지를 12년간 하면서 도량을 일신하셨다. 특히 북방 제일선원인 청량선원을 재개원 하셨고, 총무원에서 두루 소임도 사셨다. 그 경험을 바탕으로 본사 주지를 맡으셨으니, 뜻을 펼치고 싶은 것이 어찌 많지 않으시겠는가? 주지 스님을 비롯한 7국장과 뒷방 한주 스님들까지 모든 대중들이 새벽예불 참석은 물론이요, 예불 후 108대참회문과 원각경보안보살장 독송을 의무적으로 해야 했다. 그 진행을 교무국장인 내가 직접 목탁 치면서 해야 하니 난 그야말로 꼼짝 못하는 신세가 되었다. 해인사 승가대학을 졸업하고 10여 년 선방 다니는 동안 염불할 일이 거의 없어 천수경도 다 잊어먹었는데, 다시 힘든 승가대학시절로 돌아간 느낌이었다.

이렇게 온 대중이 예불과 발우공양, 청규를 지켜가며 수행을 하고 있으니, 총림도 아닌 본사에서 이렇게 사는 모습이 희유하다며, 교계 신문에 보도까지 되기도 했다. 매일 아침 공양 후엔 주지 스님과 전나무 숲길 포행을 다녔는데, 이런저런 현안들을 그 시간에 주로 의논했다. 그러다가 단기출가에 대한 말씀을 하시며 준비를 잘 해달라고 지시를 하셨다. 정념스님께서는 주지 소임을 맡으면서 벌써 이 프로그램을 구상하고 계셨었다. 그런데 말씀을 듣다 보니 마침 평소 내가 가지고 있던 생각과 같았다.

1993년도였다. 해인사승가대학을 졸업하고 도반들과 함께 어머니들을 모시고 미얀마 성지순례를 갔을 때였다. 미얀마 불교의 상징이라는 쉐다곤 파고다를 참배하는 중에 희유한 행렬을 만났다. 맨 앞에서 화동이 꽃잎을 뿌리고, 이어 화려한 옷을 차려입은 아이가 아버지로 보이는 남자의 어깨를 타고 지나갔다. 그리고 많은 사람들이 공양물을 손에 들거나, 혹은 머리에 이고 탑 주위를 돌며 따르는 것이었다. 그 모습이 하도 장엄하게 보여서 가이드에게 물어보니 단기출가 '신퓨' 의식이라고 했다. 출가하는 절에 가기 전에 불탑을 먼저 참배하여 공덕을 짓고, 온 가족들이 훌륭하게 수행 잘하기를 축복해 주는 행사였던 것이다. 그러면서 미얀마에서는 남자라면 누구나 일생에 한번은 단기출가를 해야만, 사회생활을 하더라도 대접을 받는다는 얘기도 덧붙였다. 마치 우리나라에서 남자라면 군대를 다녀와야 사회에서 인정해 주는 것과 흡사했다.

　신선한 충격이었다. '야, 출가를 이렇게 멋지게 할 수도 있구나. 우리나라도 이런 출가문화가 정착되면 얼마나 좋을까?' 순례 기간 내내 그 모습이 머리를 떠나질 않았다. '그래, 언젠가 기회가 되면 한국에서도 한 번 시도해 봐야겠다'라고 마음먹은 적이 있었다. 그런데 지금 그 기회가 온 것이었다. 마치 부처님께서 이 일을 하라고 나를 월정사로 부르신 것 같았다.

　그해 9월 개교를 목표로 차근차근 '월정사단기출가학교' 프로그램을 준비해 나갔다. 당시 '단기출가'라는 프로그램이 아직 없던 때라 자료 구하는 것이 상당히 힘들었다. 우선 오래전부터 시행하고 있는 남방의 미얀마, 태국 단기출가 자료들을 모았다. '신퓨' 의식에 대해 아는 사람이 있다하면 천리를 멀다않고 찾아갔다. 대만 불광사의 단기출가 프로그램도 참고를 했다. 그러나 무엇보다 중요한 것은 우리 불교실정에 맞는 프로그램 틀을 짜는 것이었다. 문득 송광사 율원에서 공부할 때, 행자교육원 습의사로 행자들을 가르치던 때가 생각났다. 조계종으로 출가하면 일정기간의 행자생활을 해야 한다. 또한 정식으로 계를 받기 위해서는 반드시 '행자교육원'이라는 마지막 관문을 거쳐야 한다. 불교의 기본적인 지식을 점검하는 입방고사와 신체갈마, 마지막으로 면접까지 통과해야 입방이 허락된다. 이후 한 달 간의 힘든 수행까지 마치고 졸업시험인 5급 승가고시에 합격하면 비로소 예비승인 사미가 되는 것이다.

이 훌륭한 프로그램의 전체적인 흐름은 유지하되 남방의 '신퓨' 장점도 보태 완성도를 높이기로 했다. 그 대표적인 것이 출가하면서 삭발한 머리카락을 묻는 이른바 '삭발탑'을 만든 것이었다. 종무회의에 이 안을 올리니 대부분의 스님들이 "머리를 깎았으면 태워버리면 되지 뭣 하러 탑을 만들어 묻습니까?"라며 부정적인 의견들을 냈다. "그 말씀도 틀린 말씀은 아닙니다. 그러나 우리 출가 수행자들이야 늘 깎는 머리니까 대수롭지 않게 생각할 수도 있습니다. 하지만 단기출가 하는 분들은 일생에 단한 번 삭발하고 수행체험을 하는 것인데 그 머리카락을 좀 더의미 있게 해 주는 것이 좋지 않겠습니까?"라며 설득을 해서 대한민국에서 단 하나뿐인 삭발탑이 일주문 옆에 생기게 되었다. 탑신과 옥개석, 보주는 법당 뒤에 방치되어 있던 옛날 석탑부재들을 이용했다. 삭발탑 뒤쪽에는 이런 글귀도 써 넣었다.

part 5
살아 있으니까 아프다

削髮紀念塔

寶殿에 주인공이 꿈만 꾸더니
無明草 몇 해를 무성했던고
金剛寶劍 번쩍 깎아버리니
無限光明이 대천세계 밝게 비추네.

출가, 그리고 삭발

여기, 자기 성찰을 통한 맑고 건강한 인격체 형성과
삶의 궁극적인 문제해결을 위해 출가한 이들의
삭발을 기념하며 무명초를 묻는다.
사바의 여정에 가끔 이곳을 들러
일주문 밖 어디쯤인가에서 서성이고 있을
초발심 때의 그 간절했던 마음을 추슬러
삶을 좀 더 치열하게 살 수 있는 指南이 되고자
이 탑을 세운다.

불기 2548(2004)년 9월 15일
월정사단기출가학교

part 5
살아 있으니까 아프다

윗글은 부처님께서 출가하여 삭발하시면서 읊은 게송이며, 아랫글은 내가 지은 것이다. 지금 이곳은 단기출가학교 동문들에게 성지쯤으로 여겨지는 곳이 되었다. 먼 훗날 세월이 흐르면 정식 출가행자들은 노스님이 되고, 집으로 돌아간 행자들도 백발이 될 것이다. 고단한 삶에 노을이 물들 때쯤 이곳에 와 탑을 어루만지며, 젊은 날 월정사에서 삭발염의하고 한 달간 치열하게 수행했던 흔적들을 더듬다 문득 '한소식' 할지 어찌 알겠는가?

전체적인 틀이 잡히자 교재를 만들기 시작했다. 프로그램 성격에 맞게 거의 완성한 다음 '책 제목을 무엇으로 하지?' 하고 고민하기 시작했다. 며칠 생각하다가 문득 책상 위에 있는 글이 눈에 들어왔다. '첫 마음으로'. 이 글은 내가 교무국장 소임을 시작하면서, '소임 보는 동안 아무리 힘든 일이 있어도, 지금 출가하여 행자생활 한다는 마음으로 일을 하자. 장애가 있을 땐, 출가하던 날 그때의 마음으로 돌아가자. 그때의 첫 마음으로만 돌아가면 모든 분별심은 사라지고 결코 해내지 못할 일은 없을 거야' 이런 각오를 다지기 위해 써 붙인 글이었다. '맞아, 이것으로 하자. 한 달간 단기출가이긴 하지만 배낭을 메고 산문을 들어설 때 그 첫 마음만 생각한다면 무슨 시비분별이 있겠는가?'라는 생각이 들어 이렇게 정했다.

프로그램을 확정한 후 언론에 자료를 배부했다. 여기저기서 대서특필했다. 그 무렵 속가 동생이 어머니를 모시고 월정사에 참배를 왔다. 그때 방바닥에 펼쳐 놓은 불교신문 1면에 단기출가학교가 소개된 것을 보고, "스님, 저도 이 프로그램 한 번 해보고 싶습니다."라고 했다. 흔쾌히 승낙했다. 1기 반장 소임까지 맡은 동생 선각 행자는 졸업 후 정식 출가를 했다. 이후 해인사승가대학을 졸업하고 선방정진을 거쳐 지금은 팔공산 은해사에서 소임까지 보고 있으니 단기출가학교의 인연이 참으로 지중하다.

그리고 오늘날 월정사단기출가학교를 있게 한 에피소드가 하나 있다. 행자들을 모집하고 서류심사를 해서 합격자까지 발표를 한 뒤에 모 방송국에서 연락이 왔다. 이 프로그램으로 다큐멘터리를 만들고 싶은데 허락을 해 달라는 것이었다. 사실 스님들은 대체로 도량 내에 방송국 카메라가 왔다 갔다 하는 것을 꺼려 한다. 행동을 조심해야 하고 혹시 본의 아니게 절집의 일상생활이 잘못 전해질 수도 있기 때문이다. 그러나 나는 이 프로그램을 전국에 알릴 수 있는 좋은 기회가 왔다고 직감했다. 종무회의에 안건을 올리고 반대하는 스님들을 설득해 나가기 시작했다.

"이 단기출가학교 프로그램의 성공 여부가 우리 한국불교의 미래를 좌우할 것입니다. 이 좋은 프로그램을 우리가 방송국에 부탁을 해서라도 홍보를 해야 할 판인데, 방송국에서 먼저 찍자고 하니 이보다 더 좋은 기회가 어디 있겠습니까? 제가 대중스님들 피해가 없도록 최대한 노력할 테니 제발 도와주시면 고맙겠습니다."

망설이는 대중들의 마음을 주지 스님께서 시원하게 정리를 해주셨다.

"거 교무스님 말씀대로 해봅시다. 대중스님들은 좀 불편하더라도 촬영하는 데 적극 협조해 주시면 고맙겠습니다."

이렇게 안건이 통과되자 이번에는 합격한 행자들에게 양해를 구하는 일이 남았다. 일일이 전화를 걸어 이렇게 된 사정을 설명하고, 영상에 얼굴 노출이 되어도 괜찮은 사람과 안 되는 사람을 분류해서 조를 짰다. 그리고 주인공으로 출연할 5명을 감독님과 상의해서 선정했다. 이런 우여곡절을 겪으면서 꼬박 한 달 동안 촬영한 작품은, '출가'라는 이름으로 전국에 특집 방송되었다. 반응은 가히 폭발적이었다. 3기 모집 문의로 종무소 전화는 불이 났고, 월정사 홈페이지는 접속이 폭주해서 다운이 되었다. 정원 60명에 천여 명이 지원하는 사태가 벌어졌다. 급기야 여기저기서 입학하게 해 달라는 청탁까지 들어와, 지원 서류를 들고 도반 스님 절로 피신하는 지경에까지 이르렀다.

이렇게 출범한 월정사단기출가학교는 이제 월정사의 대표적인 수행 프로그램이 되었고, 2020년까지 16년 동안 57기, 약 3천여 명이 배출되었다. 그리고 정식출가자가 졸업생의 거의 10퍼센트 가까이 되니, 요즘같이 출가자가 격감하는 시대에 출가의 산실로서 톡톡히 역할을 하고 있는 것이다.

길을 가다 방향을 잃어 버렸을 때는, 처음 출발했던 곳으로 돌아가라는 말이 있다. 사랑하는 남녀가 만나 결혼을 하고 가정을 이룰 때 설레던 첫 마음, 그리고 기다리던 첫 아기를 안고 기뻐할 때의 그 환희롭던 마음, 힘든 투병생활을 마치고 퇴원할 때 푸른 하늘을 바라보며 감사의 눈물짓던 그 마음, 오랜 취업 준비를 마치고 마침내 꿈에 그리던 직장에 첫 출근할 때 그 당당하고 힘찼던 발걸음…. 모두 그 첫 마음을 기억할 일이다. 지금의 겪고 있는 상황이 아무리 힘들어도, 그 순수했던 첫 마음으로 돌아가 지혜를 모은다면, 반드시 해결의 실마리가 보일 것이다. 수행자들도 마찬가지다. 신심이 퇴색되고 무뎌졌을 땐 이 '첫 마음'이란 숫돌로 날을 세워야 한다. 처음 발심했을 때가 정각을 이룬 때라 하지 않았는가. 첫 마음, 늘 가슴에 새기면서 살 일이다.

영하 40도 속에서의 삼보일배

2005년 2월 1일, 호남지역에선 대설경보가 내려졌고 30여 개 학교가 임시휴교에 들어갔으며 대관령의 수은주는 영하 20도를 가리켰다. 강풍으로 인한 영서 지역의 체감온도는 영하 40도 정도였다는 뉴스가 헤드라인을 장식했다. 몇 년 만에 불어닥친 살을 에는 모진 칼바람 속에서 오대산 상원사에서 적멸보궁까지 월정사단기출가학교 제3기생 71명과 대중스님들, 그리고 일반인 동참자까지 80여 명이 삼보일배를 봉행했다. 가끔 신심 있는 불자 몇몇이 모여 보궁 삼보일배 하는 것을 본 적은 있으나 오늘처럼 이렇게 많은 대중이 하는 것은 처음이다.

처음 '적멸보궁 삼보일배'를 단기출가학교 프로그램에 넣었을 때 많은 분들이 '과연 해낼 수 있을까' 하는 우려 때문에 잠시 보류했다. 그러나 오대산이 어떤 산인가? 오만 불보살이 상주하는 문수도량이며 부처님의 진신사리를 봉안한 한국 최고의 기도도량 아닌가? 사리신앙의 발상지인 이곳에서 삼보일배를 하는 공덕이야말로 얼마나 수승한지를 거듭 설득해서 드디어 첫 삼보일배를 하게 된 것이다. 아침 공양 후 대중스님들께 일정을 말씀드리니 이런 악천후에 과연 삼보일배를 할 수 있겠냐며 걱정하는 분위기였다.

하지만 극한 상황에서 신심은 더욱 솟아나는 법이다. 월정사에서 10시 반에 이른 점심공양을 한 다음, 11시 5분 공용버스를 타고 상원사까지 이동하여 문수전에서 간단하게 입재식을 마쳤다. 12시, 마당에서부터 석가모니불 정근을 하며 한 줄로 삼보일배를 시작했다. 삼보일배를 강력하게 주장한 내가 제일 앞에 서고 그 뒤를 남행자 반장인 명법 행자와 젊은 행자들이 따랐다. 단기출가학교 소임자 스님들과 학생행자, 그리고 여행자들과 몸이 불편한 행자들은 뒤쪽에서 행렬에 동참했다.

가파른 언덕길과 계단, 그리고 미끄러운 얼음 위를 지나면 또다시 이어지는 돌부리길…. 출발 후 약 10여 분은 경사가 가파르고 산길 삼보일배에 익숙하지 않아 다들 힘에 겨워 숨을 헐떡거렸다. 그러나 곧 안정적인 자세와 우렁찬 목소리로 정근을 하며 삼보일배를 계속했다. 양말도 두 켤레를 껴 신었고 목도리에 털모자까지 갖출 것은 모두 했지만, 살 속으로 파고드는 송곳바람은 차라리 땅에 엎드려 있는 시간이 더 행복했다.

12시 40분경 중대 사자암에 도착하니 2기 남행자 반장을 역임한 자각 거사님과 자원봉사자들이 따끈한 마가목 차를 준비해 놓고 기다리고 있었다. 이미 감각조차 없어진 손과 발을 동동 구르며 잠시 차 한 잔을 마신 후 다시 가파른 계단을 엉금엉금 기어가듯이 절을 하며 올라갔다. 가끔 하산하는 불자들과 등산객들이 이 진귀한 모습을 보며 합장하고 길을 비켜선 채 예를 표했다. 보름 전 오대산에는 약 1미터의 눈이 왔었는데 어젯밤에 다시 눈이 제법 내려 길은 오히려 푹신한 느낌마저 들었다.

면장갑을 안에 끼고 그 위에 비닐 장갑을 낀 후 다시 코팅된 장갑을 끼어, 손 시린 것은 그런대로 견딜 만했으나, 털신을 신은 발은 감각이 없어진 지 오래였다. 선두에서 대열을 이끄느라 초반에 무리한 탓인지 다리는 힘이 빠져 비틀거렸다. 그러나 고행을 함께하는 동참의 힘은 대단했다. 뒤에서 목이 터져라 석가모니불을 외치며 따라오는 행자님들을 보니 저절로 힘이 솟구치며 다시 마음을 가다듬어 삼보일배를 계속하였다.

티베트 불자들이 온몸을 땅에 던지며 몇 달, 혹은 몇 년 동안 오체투지를 하며 성지로 향하는 것에 비하면 이 정도의 삼보일배는 실로 아무것도 아니다. 모두 걸음마다 수행의 완성과 행복한 삶의 여정을 바라는 간절한 마음들로 온몸은 오히려 땀범벅이 되었다.

드디어 적멸보궁으로 향하는 계단이 보이기 시작했다. 마치

저 계단 위에 가면 부처님께서 환한 미소로 대중들을 반기실 것 같았다. 대중들의 정근 목소리는 비로봉을 쩌렁쩌렁 울릴 정도로 더욱 힘이 났다. 1시 반에 적멸보궁에 도착한 선두는 따라오는 대중들이 모두 도착할 때까지 보궁을 오른쪽으로 계속 돌며 석가모니불 정근을 했다. 많은 대중이 한 줄로 서서 삼보일배를 하다 보니 후미가 완전히 도착하기까지는 30분이 더 걸렸다. 2시쯤에야 모두 도착하여 정근과 축원을 한 다음 반야심경 독송으로 삼보일배 행사를 마무리하였다.

다들 상기된 표정으로 따끈한 차 한 잔을 마시며 언 몸을 녹였다. 저 멀리 발아래로 눈 덮인 오대산 자락들을 굽어보는 행자님들의 모습에는 힘든 삼보일배 수행을 해냈다는 성취감과 흐뭇함이 얼굴가득 배어 나오고 있었다. 몇 명의 행자님들이 내 옆으로 다가와 "교무 스님, 이렇게 귀한 수행 체험을 하게 해주셔서 너무 감사드립니다." 하며 합장을 하고 지나갔다. 나도 가슴 가득 번져 오르는 환희심을 자제하기가 힘들 정도로 마음이 들떠 있었다.

오대산에 출가한 인연으로 적멸보궁까지의 삼보일배를 늘 염원해 왔었는데 오늘 드디어 해낸 것이다. 앞으로 단기출가학교는 물론이고 오대산에서 실시하는 모든 수행프로그램에 오늘의 이 삼보일배가 시발점이 되어 정착되기를 발원했다. 또한 실참수행에 목말라하는 한국의 많은 불자들이 일생에 한번은 적멸보궁 삼보일배에 동참하여 사바를 향기롭게 하는 오대산의 오만송이 연꽃으로 피어나기를 간절히 기원했다. 가슴 가득 차오르는 선열을 동참한 모든 분들께로 회향하며, 식어가는 땀으로 얼어가고 있는 몸을 추슬러 하산을 서둘렀다.

살아 있으니까 아프다

삼척에서 마산까지 거의 천리 길을 1년 동안 허리 치료를 다닌 적이 있다. 일전에 산청에 있는 도반 스님 절에 갔었는데, 아직도 허리 아파 고생하고 있는 내게 병원 하나를 소개시켜 줬다.

"스님, 딴 데 가지 말고 이 병원에 한 번 가보이소. 내 한번 보소. 스님보다 더 심했는데 완전 다 나았다 아닙니꺼."

그 병원에서 치료를 받고 좋아져 지금의 아름다운 도량불사를 잘 마쳤다는 것이다. 많이 아파 본 사람들은 안다. 이런저런 치료를 다 해본 후 포기하고 싶다가도 또 누가 좋다 하는 데를 소개해 주면 다시 귀가 솔깃해져 가 볼 수밖에 없는 것이다.

"아이고~ 아야!!"

"선생님, 주사 좀 살살 놔 주이소."

병원에 간 첫 날, 접수를 하고 기다리는데 치료실에서 할머니의 신음소리가 들려왔다. 약해진 척추인대를 강화하는 주사이니 당연히 아프기야 하겠지만, 비명소리를 들으니 왠지 더 긴장이 되었다. 드디어 내 차례가 왔다. 주사가 시작되었다. 평소 자주 병원 신세를 지는 몸이라 웬만한 주사는 눈도 꿈쩍 안 하는데, 조금 아팠다. 그런데 두 번째 세 번째 주사를 맞을 땐, 나도 모르게 "으~!" 하는 신음소리가 나왔다. 그렇다고 명색이 스님인데 주사 맞으면서 할머니와 똑같이 비명을 지를 수도 없고, 참고 있자니 나도 인간인지라 터져 나오는 신음소리를 막을 수도 없었다. 어쩌다 주사 바늘이 신경을 건드리기라도 하면 나도 몰래 "으악!" 하는 소리가 터져 나왔다. 다섯 번째 주사를 맞을 때였다. 다리까지 이어지는 통증의 전율을 느끼는 순간, 이 고통을 이겨낼 수 있는 작은 깨달음이 머리를 스치고 지나갔다.

"그래, 살아 있으니까 아프다"

그렇다. 산다는 것은 참으로 아픈 일이다. 태어나서 늙고 병들어 죽는 것이 고통이다. 내가 좋아하는 것들과 사랑하는 사람들과 헤어지는 것이 아픔이요, 싫어하는 것들과 원수 같은 사람들과 만나는 것도 아픔이다. 매일 쏟아지는 신상품 등 원하는 것을 갖지 못하는 것도 고통이다. 이 몸뚱어리가 생명을 유지시키기 위해서 갈구하는, 오욕락의 집착에서 벗어나지 못하는 것도 또한 고통의 연속이다. 우리가 사는 세상을 사바세계, 즉 '감인忍의 세계'라고 한다. '참고 견디면서 살아야 할 세상'이란 뜻

이다. 그러니까 이 세상에 태어난 순간부터, 이러한 아픔과 고통은 기본 옵션으로 부여받고 태어난 것이다. 내가 받기 싫다고 하면 받지 않는 것이 아니다.

몇 년 전 젊은이들에게 꽤 인기가 있었던, 『아프니까 청춘이다』라는 책이 있었다. 누가 이 책을 읽고는, "아프면 환자지 무슨 청춘이야?"라고 해서 웃은 적이 있다. 작가는 아마 삶의 무한경쟁 궤도에 올라 오직 앞만 보고 내달려야 하는, 이 시대 젊은이들이 겪고 있는 마음의 고통을 함께하고, 그것을 견뎌낼 수 있는 희망을 얘기한 것이리라. 그러나 어쩌겠는가? 사바세계에 이 몸 받아 태어난 이상, 몸이 아프든지 영혼에 생채기가 나든지, 초대하지 않아도 어느 날 문득 찾아오는 고통은 피할 수가 없다.

그렇다면 우리 삶은 오로지 고통만이 존재하는 힘겨운 세상뿐인가? 아무런 희망도 없이 그저 주어지는 대로 감내하면서 살아갈 수밖에 없단 말인가? 아니다. 부처님께서는 일찍이 그 해결방법을 제시하셨다. 내게 주어진 조건과 환경을 인정하고 받아들이는 것이다. 왜냐하면 지금 겪고 있는 '아픔'이란 삶은, 다생겁래多生劫來 심혈을 기울여 만든 바로 나의 작품이기 때문이다. 그렇다고 더 나은 삶을 위한 노력도 하지 말라는 것은 아니다. 나의 능력이 가능한 데까지는 최선을 다해야 한다. 그러나 아무리 애를 써도 결코 해내지 못할 일을 가지고 괴로워하거나 집착하진 말아야 한다. 왜냐하면 내가 할 수 있는 한계는 바로 거기까지이기 때문이다.

"난 평생 결정적 순간을 카메라로 포착하길 바랐다. 그러나 지금 돌아 보니 인생의 모든 순간이 결정적인 순간이었다."

이 말은 70여 년에 걸쳐 '결정적 순간'을 포착하기 위해 애썼던 사진작가 앙리 까르띠에 브레송이 임종을 앞두고 한 말이다. 그는 때와 장소만 밝힌 채 제목 없는 사진 단 250점만 남긴 작가로도 유명하다.

살다 보면 내 삶이 못마땅할 때가 있다. 내가 원한 삶은 이게 아니었는데, 의지와 상관없이 엉뚱한 데로 잘못 가고 있다고 투덜댈 때가 있다. 그러나 잠시 앉아 깊이 생각해 보라. 지금 이 모든 상황들은 결국 내가 그 '결정적인 순간'을 찾기 위해 헤매다 만든 결과물인 것이다. 다시 말해 아픔과 고통 속에서 몸부림치고 있는 지금의 내 인생은, 내가 그토록 행복하기 위해 아픔을 견디고 이겨낸 과정들이 모여 이루어진 것이다.

계곡 옆에는 이름 모를 들꽃들이 지천이다. 금강송 숲엔 산새들의 합창소리로 떠들썩하다. 하늘엔 흰 구름 몇 조각 흘러가고 있다. 모든 것이 완벽한 순간이다. 허리 치료 차 자주 오가는 7번 국도는 내 출가할 때의 첫 마음을 챙겨보는 인생의 보너스이다. 내 인생에 결정적인 순간은 따로 없다.

바로 '지금, 이 순간'이 내 인생에서 가장 소중하고 아름다우며 찬란한 결정적인 순간이다. 너무 앞만 보고 달리느라 '지금'을 놓치고 있지는 않은가? 아픔이 주는 통증으로 인해 지금 내가 누리고 있는 '이 순간'의 행복을 잊고 사는 것은 아닌가?

우리가 기다리는 행복한 삶이란 사실 항상 곁에 존재하고 있다. 다만 그것을 알아차리지 못할 뿐이다. 그러나 그 '알아차림'은 순순히 오지 않는다. 반드시 아픔을 동반한다. 응급실에 누워봐야 건강의 소중함을 알게 되듯이, 지금 내가 겪고 있는 아픔의 뒷면이 알고 보니 행복인 것이다. 그러니까 아픈 것이 고맙다. 그래서 더욱 열심히 살아야 한다. 살아 있으니까 아픈 것이다.

눈먼 보리와 도둑고양이

초판 1쇄 발행일	2021년 6월 30일
초판 6쇄 발행일	2024년 12월 5일
글·사진	동은스님
발행인	수불스님
발행처	불교신문사
책임편집	하정은
편집제작	선연
출판등록	2007년 9월 7일(등록 제300-207-133호)
주소	서울시 종로구 우정국로 67 전법회관 5층
전화	02)733-1604
팩스	02)3210-0179
e-mail	ibulgyo@ibulgyo.com

ⓒ 2021, 동은스님
ISBN 979-11-89147-15-0   03220

값 16,000원

※ 이 책에 실린 내용은 무단으로 복제하거나 전재할 수 없습니다.
※ 잘못된 책은 교환해 드립니다.